ENRIQUE GIMÉNEZ-ARNAU

AF174542

LUZ DE LA TRINIDAD:
EL BAUTISMO DE BOB MARLEY
(JAH LIVE!)

ENRIQUE GIMÉNEZ-ARNAU

LUZ DE LA TRINIDAD:
EL BAUTISMO DE BOB MARLEY
(JAH LIVE!)

EDITORIAL ANAWIM, 2025

Cubierta diseñada por María Giménez-Arnau
Web: mariagimenezarnau.com

ISBN: 978-84-128851-2-5

Dpto. legal: 09/630375.9/25

Editorial Anawim S.L.
CIF: B-10812618
C/Condesa de Venadito 17, 4ºD
28027 Madrid
Web: anawim.es
Información y propuestas: anawimperiodico@gmail.com

ÍNDICE

I.- Introducción.

Cuando hablamos de Bob Marley unimos invariablemente tres ideas fuerza: Reggae-Rastafari-Marihuana.

Bob Marley, en la caricatura difuminada que reflejan las aguas superficiales actuales, aparece como el cantante reggae por excelencia, representante más famoso y principal evangelizador del movimiento rastafari; y, por supuesto, una chimenea de fumar *ganja*.

La imagen de Bob Marley que se vende hoy (en discos, llaveros, chanclas, mochilas, camisetas, posters, fotos, sudaderas, bolsas, mecheros, …) se basa exclusivamente en esa condición de apóstol rastafari y en el dios marihuana (esa hoja aparece siempre detrás, a un lado, al otro, encima o debajo de su silueta).

Se ha hablado mucho de la "disneyficación" de la imagen de Bob Marley. La propia Rita Marley consolida este adjetivo, demasiado real, en su libro "No Woman No Cry", en el que después de explicar cómo está organizado y qué actividades hay en el Museo de Bob Marley (descripción en la que ya se comprueba la mercantilización del legado de Marley) cuenta con toda naturalidad[1]:

> "En Disneylandia, en Orlando (Florida), hay una sección llamada "Tributo de Bob Marley a la Libertad" donde se exhibe buena parte de nuestra historia gracias a los objetos de interés que les hemos donado. Fue otro logro nuestro a fin de seguir divulgando el mensaje y la música de Bob Marley, otra operación para la que Chris Blackwell tuvo que dar su

---

[1] MARLEY, R. "No woman No cry". Ediciones B. 2005, p. 205.

aprobación. …Oh, aquello me costó lo suyo pero consideraba que era algo que iba a engrandecer a Bob, que es exactamente lo que ocurrió".

Esa "disneyficación" y el general desinterés actual por la verdad, ha conseguido formar una espesa nube alrededor de Robert Nesta Marley que no nos permite ver su figura con claridad. Bob ha sido envuelto y desdibujado y, así, lo que queda de él es fácilmente vendible, si bien no refleja la verdad de este hombre. Aunque lleno de contradicciones como lo estamos todos y todas, no se puede tomar a la ligera su ser, ni darlo por conocido por solo ponernos una camiseta con el lema "*Get Up, Stand Up*" sobre una imagen de una gran hoja de *ganja* marca *"Marley Natural"* [2].

Así que, como hace años que no nos fumamos un "bobby" para huir de Babilonia (lo cual nos permite leer, investigar, buscar, ir, volver y revolver con más salero y resultado), y aun necesitando sustitutos para liberar dopamina, nos atrevemos a mirar la figura de Bob Marley desde un lugar distinto, más trascendente, para intentar así desenmascarar que el "producto" en que lo han convertido, está ocultando lo que verdaderamente fue: un buscador espiritual. Desenvolverlo así nos permite además centrarnos en su punto de llegada en esa su búsqueda.

Se trata de arrojar una mirada sincera sobre su giro espiritual final, destacando así su compromiso con una búsqueda de trascendencia que esta subsumida hoy exclusivamente bajo su apostolado rastafari cuando esa no es la verdad.

---

[2] Que hasta existe una marca de marihuana "Marley Natural", promovida por su propia familia, como informa la BBC. https://www.bbc.com/news/world-latin-america-30110235

Nuestra pretensión no es teológica, ni apologética; Dios nos libre de semejantes tentaciones. No queremos convencer a nadie de nada; pero sí queremos reivindicar que si un hombre de la profundidad y honestidad de Bob Marley, con todas sus sombras desde luego, decidió bautizarse como cristiano, debemos preguntarnos por qué.

De esto va este librillo.

Capítulo II
Breve semblanza biográfica de Bob Nesta Marley

Robert Nesta Marley nació la noche del 5 al 6 de febrero de 1945[3] en el distrito de Nine Mile, una aldea que pertenecía a la parroquia de Saint Ann, en una zona montañosa de Jamaica. Su madre, una jamaicana de entonces 19 años, Cedella Malcom Booker (1926-2008). Su padre, Norval Sinclair Marley (1855-1955) era un jamaicano británico blanco que había sido licenciado del ejército británico como soldado raso, pero que le gustaba que le llamaran Capitán; era realmente un capataz que estaba a cargo de las tierras que el gobierno entregaba a la gente para trabajarlas durante la guerra [4].

A su padre solo lo vio en contadas ocasiones; la figura paterna la asumió Omariah, el padre de Cedella, "que tocaba el órgano, la guitarra y un poco el violín; todo el mundo en la familia tocaba"[5].

A los cinco años, su padre quiso llevarlo a Kingston, donde estuvo dos años prácticamente viviendo en la calle porque Norval no se ocupó de él y lo dejó en casa de una señora mayor amiga suya, mintiendo a Cedella; al final, una amiga de Cedella (Maggie James)[6] identificó al chaval por las calles de Kingston y avisó a Cedella que volvió a recogerlo y se lo llevó a su casa[7].

---

[3] Normalmente se fecha el nacimiento el 6 de febrero de 1945. Preferimos aquí fiarnos de su madre en BOOKER, C y WIMKLER, A.C. "Bob Marley: An Intimate Portrait By His Mother". Penguin books. 1997, p 33.

[4] La descripción vuelve a ser de Cedella en: STEFFENS, R. "Tanto que contar. Historia oral de Bob Marley". Malpaso, 2019, p. 25.

[5] STEFFENS, R. Opus cit., p 26.

[6] DAVIS, S. "Bob Marley: The Biography". Grafton Books, p. 29.

[7] STEFFENS, R. Opus cit., p 28.

Roger Steffens resume la niñez de Bob:

"Los primeros años de vida de Bob estuvieron marcados por el abandono y el rechazo por parte de blancos y negros. Los primeros lo consideraban negro, y los segundos, que veían con malos ojos a los niños mestizos, se mofaban calificándolo de "crío amarillo". (…) El rechazo paterno fue algo que le dejaría una profunda huella durante toda su vida"[8].

En 1955 muere Norval, su padre[9].

En 1957[10], Cedella se lleva a Bob a vivir a Kingston, donde residía meses atrás como consecuencia de su relación con Taddeus (Toddy) Livingston, padre de Bunny Wailer que sería uno de los cofundadores de The Wailers.

"La música que remolineaba en la cabeza de Bob comenzó a tomar forma con la ayuda de los vecinos de Trenchtown, un enclave superpoblado cerca de la zona portuaria, donde el estado había dirigido viviendas para dar un techo con agua corriente a familias desfavorecidas"[11].

En 1964, Bunny, Peter Tosh, Bob Marley (en ese momento todos le llamaban Lester, variante de Nesta[12]), Junior Braithwaite y dos coristas (Beverly Kelso y Cherry Green), se unieron para conformar un nuevo grupo: The Wailing

[8] STEFFENS, R. Opus cit., p 30.
[9] DAVIS, S. Opus cit., p. 34.
[10] STEFFENS, R. Opus cit., p 30.
[11] STEFFENS, R. Opus cit., p 31.
[12] STEFFENS, R. Opus cit., pp. 50 y 56

Wailers[13], que serían el embrión del posterior Bob Marley and the Wailers.

En esa época conoce también a Rita (Alpharita Constancia), la que será su esposa y con la que se casará "de forma impulsiva"[14], el 10 de febrero de 1966, cuando la madre de Bob, que estaba con su nuevo marido (Edward Booker) en Delaware (EEUU), le mandó un billete para que se fuera con ella. Cuando se casaron Bob ya tenía una hija (Imani Carole, 1963) con Cheryl Murray; y Rita otra hija, Sharon (1964).

El mismo día de la boda, los Wailing Wailers dieron un concierto en el National Stadium de Kingston con los Jackson Five; al cabo de dos días, Bob se marchó a Delaware[15] a reunirse con su madre.

Tardó solo 8 meses en volver, después de trabajar en una fábrica de Chrysler y en el Hotel Dupont (Wilmington). Le escribió a Rita: "Soy cantante, no otra cosa. Vuelvo a casa"[16].

Antes de su viaje a Delaware Bob ya tuvo contacto con el movimiento rastafari e introdujo en él a Rita[17].

Situemos, siquiera sea brevemente, lo que es el rastafarismo, porque es importante respecto al objeto de este libro:

---

[13] STEFFENS, R. Opus cit., p 43 y 47 y ss Página 61 Joe Higgs indica que efectivamente al principio los conocían por los Wailing Wailers. Inmediatamente después, Beverly Kelso dice: "El único nombre que tuvimos siempre fue los Wailers".
[14] MARLEY, R. "No woman No cry". Ediciones B. 2005, pp 46 y 47.
[15] MARLEY, R. Opus cit., p 48.
[16] MARLEY, R. Opus cit., p 58.
[17] MARLEY, R. Opus cit., p 49.

"El movimiento rastafari es un fenómeno religioso que nació en Jamaica en la tercera década del siglo XX pero que se propagó al mundo entero como una filosofía de vida. No es solo una religión, sino un tipo de espiritualidad mucho más amplia y libre. (…) sus integrantes creen que el Ras Tafari Makonnen, conocido como Haile Selassie I (1892-1975), emperador de Etiopía, fue el Mesías negro que apareció sobre la faz de la tierra para luchar por la redención del hombre de color, oprimido por el blanco. (…) Así, una cultura espiritual nueva como la rasta alimenta sus milenarias fuentes etíopes con una de las más antiguas, el judaísmo, respetando a su vez la figura de Jesús como enviado".[18]

Por tanto, el rastafarismo, aunque tiene similitudes con el cristianismo, tiene diferencias muy significativas. Más allá del momento en el que surgen (siglo XX y siglo I, respectivamente), el cristianismo, como es sabido, considera que Jesús es el Hijo de Dios y el Salvador -el Redentor- de la humanidad; y el rastafarismo, como hemos visto, considera que Haile Selassie I, emperador de Etiopía en 1930, es una reencarnación de Jah (Dios) y se enfoca totalmente en la vuelta a África de los descendientes de africanos y en el rechazo al sistema imperialista y colonial, que denominan "Babilonia" concepto que simboliza para el pensamiento rastafari el "sistema opresor del poder blanco, en especial: la Iglesia, el Estado y sus instituciones, como la policía, que oprimen a los rastas (…)"[19].

---

[18] BERMUDEZ, D. "Rastafaris. La mística de Bob Marley". Editorial Kier. 2005, p 29 yss.
[19] Definición en "Bob Marley. Canciones 1" de Paula Serraller. Editorial Fundamentos. 2ª Edición, p 8.

Mortimer Planno (que también ejerció de manager inicial de Marley[20]) fue quién inició a Bob en el camino rasta como alternativa espiritual jamaicana para los descendientes de los esclavos[21]; posteriormente entró en la orden rasta "Twelve Tribes of Israel" una de las mejor organizadas[22], a la que también pertenecía el jugador de fútbol jamaicano Allan 'Skill' Cole, que se convertiría en el mejor amigo de Marley [23].

Volvemos a Bob Marley. Una vez en Jamaica se volvió a reunir con su grupo, componiendo temas para otros artistas (Jhony Nash y otros cantantes de la discográfica JAD[24], de Danny Simms), e iniciando su relación con los productores Leslie Kong y Lee "Scracht" Perry y, posteriormente, con la discográfica Island Records (fundada por Chris Blackwell, que se convertiría en pieza esencial del éxito posterior), con la que lanzaron los discos "Catch a Fire" y "Burnin" (1973), con los que empiezan a tener algún éxito internacional.

El punto de inflexión en este éxito fue la versión que Eric Clapton realizó de la canción "I shot the Sheriff" (de su disco Burnin, 1973), y que incluyó en su segundo disco "461 Ocean Boulevard", que llegó a ser disco de platino (1974).

A partir de este momento sacan casi un disco al año:

- "Rasta Revolution" y "Natty Dread" (1974), este último incluye el "No Woman No cry".

---

[20] STEFFENS, R. Opus cit., p. 105.
[21] DAVIS, S. Opus cit., pp 103 y 104. También en STEFFENS, R. Opus cit., p. 89.
[22] WHITE, T. Opus cit., p 280.
[23] STEFFENS, R. Opus cit., p. 36.
[24] STEFFENS, R. Opus cit., p. 113.

Peter Tosh y Bunny Wailer abandonan The Wailers definitivamente en enero de 1975[25].

- "Rastaman vibration" (1976), en el que se incluye "War" -con letra y música, teóricamente, de Alan "Skin" Cole y Carlton Barret[26]-, extraída del discurso del Emperador Haile Selassie en su intervención en las Naciones Unidas el 6 de octubre de 1963[27].

- "Exodus" (1977).

- "Kaya" (1978).

- "Survival" (1979).

- "Uprising" (1980), con los que se consagran en el ámbito internacional.

---

[25] DAVIS, S. Opus cit., p 185.

[26] DAVIS, S. Opus cit., pp 222, 223. "Bob solo tenía los créditos de 3 de las canciones de los álbumes (se refiere a "Rastman Vibration" y "Natty Dred") el resto fueron divididas entre los otros Wailers y amigos de Bob. Aunque casi todas las canciones eran indudablemente de Bob... quiso evitar pagar a Cayman Music (a Danny Simms) los royalties de sus composiciones". Aunque WHITE, T. Opus cit, p 283 escribe que realmente fue Alan Cole quien tuvo la idea de esa canción.

[27] Hasta que la filosofía-Que sostiene que hay una raza superior -Y otra inferior-Sea finalmente y permanentemente-Desacreditada y abandonada-Hasta que ya no haya-Ciudadanos de primera y segunda clase de cualquier nación-Hasta que el color de la piel de un hombre-No tenga más importancia que el color de sus ojos-Hasta que los derechos humanos básicos-Estén igualmente garantizados para todos sin distinción de raza-Habrá guerra- (...).

Por otro lado, su vida personal, en la que el mito se difumina, se resume muy bien indicando los hijos que fue teniendo con varias mujeres:

- Imani Carole (1963) que tuvo con Cheryl Murray antes de casarse con Rita, como se ha indicado ya.

- Sharon (1964), como también se ha dicho hija de Rita previa a su matrimonio con Bob y adoptada por él; no sabemos el nombre del padre; Rita confiesa que fue fruto de un "desliz"[28].

- Los hijos comunes con Rita: Cedella (1967), David "Ziggy" (1968) y Stephen (1972).

- Robert "Robbie" (1972), con Lucille Pat Williams.

- Rohan Anthony (1972), con Janet Hunt.

- Karen (1973), con Janet Bowen, que terminó acogida por Rita.

- Stephanie (1974), hija de Rita y el futbolista jamaicano Owen "Ital Tacky" Stewart; adoptada por Bob.

- Julian Ricardo (1975), con Lucy Pounder.

- Ky-Mani (1976), con Anita Bellnavis, campeona de ping pong de Jamaica, deporte que le encantaba a Bob.

- Damian (1978), con Cindy Breakspeare, Miss Mundo 1976 (gracias al apoyo económico de Bob), que se

---

[28] MARLEY, R. Opus cit., p 22.

enteró de que Bob estaba casado con Rita después de quedarse embarazada.

- Makeda Jashnesta (1981), con Yvette Crichton, hija póstuma.

- Nahum (1981), con Lucy Pounder, también póstuma.

Tuvo otras parejas, como la actriz Esther Anderson, Pascalina Bongo (hija del presidente de Gabón), la princesa Yashi (hija del ministro del petróleo de Libia), las hermanas Nancy y Virginia Burke (amigas de Cindy Breakspeare)[29], se dijo que también fue amante de Bianca Jagger mientras estaba casada con Mick Jagger.

Durante esos años en los que su vida personal pone de manifiesto sus limitaciones y contradicciones, se fragua también la figura del Bob Marley socialmente comprometido, principal apóstol del movimiento rastafari, que llena su música de canciones llenas de mensajes espirituales de búsqueda de la paz interior pero también políticos, de liberación y de queja por las injusticias.

Jamaica entonces está en plena guerra civil callejera entre el Partido Laborista (JLP) -del derechista Edward Seagaa- y Partido Nacional del Pueblo (PNP) del socialista Michael Manley-. Los pistoleros de ambos partidos tienen tomadas las calles. Fue entonces (diciembre 1976) cuando Bob Marley decidió participar en un concierto gratuito (Smile Jamaica) para tratar de frenar sea violencia. Su participación se politizó. Empezó a recibir amenazas. Dos días antes del concierto, "la noche del 3 de diciembre de 1976, siete pistoleros se metieron

---

[29] SALEWICZ, C. "Bob Marley: The Untold Story". Harper Collins. 2009, pp 221, 312, 384.

en casa de Bob, en el patio se cruzaron con Rita Marley, la esposa de Bob. Uno de ellos levantó un arma y sin decirle nada le disparó a la cabeza. Tres de los agresores rodearon la casa y los demás entraron a la cocina en donde Marley conversaba con los integrantes de su banda... mientras preparaba una ensalada de frutas. Los atacantes vaciaron los cargadores sobre los músicos. Las paredes salpicaron astillas y gotas de sangre formaron charcos en el suelo. En medio de los gritos, uno de ellos apuntó al pecho de Marley y apretó el gatillo. En total dispararon 87 balas, pero de forma increíble aquella noche nadie murió"[30].

Pero, a pesar del suceso, Bob decidió, en contra de la mayor parte de las opiniones, asistir al concierto; en lugar de una canción, como estaba inicialmente previsto, cantó durante más de una hora. A continuación, Bob, Rita y los niños se fueron de Jamaica, a una casa de Chris Blackwell en Nassau (Bahamas), donde también acudió Cindy Breakspeare, recién coronada Miss Mundo 1976, a un hotel donde la iba a ver Bob; más tarde, Rita y los niños se volvieron a una casa en Kingston, primero alquilada y luego comprada, en Washington Drive; y Bob Marley a Inglaterra, donde vivía Cindy[31].

Dos años después, el 22 de abril de 1978, se celebró el también famoso concierto "One Love Peace"[32], en el National

---

[30] Transcribimos el artículo https://www.bbc.com/mundo/noticias-america-latina-37131832#:~:text=En%20el%20patio%20se%20cruzaron,preparaba%20una%20ensalada%20de%20frutas.
También puede leerse el relato en MARLEY, R. Opus cit, pp 167 a 170; y en STEFFENS, R. Opus.cit., pp 208 a 210.
[31] MARLEY, R. Opus cit., pp 170 y 171.
[32] Este concierto fue organizado por los dos jefes de las bandas criminales más importantes de Jamaica, tras coincidir en la cárcel:

Stadium de Kingston, en el que Bob consiguió que Seagaa y Manley se diesen la mano sobre el escenario, consiguiendo con ello la Medalla de la Paz de las Naciones Unidas, en junio de 1978.

Aunque sus últimos meses de vida se irán relatando posteriormente, Bob Marley murió en el entonces "Cedars of Lebanon Hospital" de Miami, en la mañana del 11 de mayo de 1981, a la edad de 36 años.

Claude Massop (que apoyaba al JLP de Seagaa) y Bucky Marshall (que apoyaba al PNP de Manley). Ambos murieron asesinados poco después del concierto. Claude en febrero de 1979 acribillado por la policía jamaicana a pesar de tener los brazos levantados en señal de rendición; Bucky en 1980 en Nueva York.

Capítulo III
¿Bob Marley bautizado?

Cualquiera que busque información sobre el bautismo de Bob Marley en la Iglesia Ortodoxa Etíope, encontrará que es difícil de conseguir. Verá que está muy escamoteada, dispersa y, normalmente, cuando se encuentra una referencia, sin tomar en serio, será pasada muy a la ligera.

¿Cómo es posible que el mundo ignore -o quiera ignorar, que es peor- esta asombrosa noticia?

Confieso antes de seguir que el que esto escribe es un cristiano plenamente inserto en la Iglesia Católica, con quien mantiene una relación filial (con algún diálogo crítico, que dialogar no es discutir, es buscar la verdad); y, por tanto, con una estructura mental en la que la realidad trascendente -en especial, la potencia vivificante de la acción del Espíritu Santo cuando se reciben los sacramentos-, es esencial.

Pero aun siendo consciente de ese sesgo, es difícil salir del asombro que produce que se pase por alto, o que directamente se ignore, con toda sencillez, el bautismo cristiano (¡la conversión!) de un superstar con tanto carisma y tanta atracción como Bob Marley.

Tendría que haber sido un titular a todo color (y a toda mayúscula) que un músico de magnitud universal, al que el mundo le rendía pleitesía, renunciando al sincretismo religioso rastafari que había seguido y defendido durante casi toda su vida, cuando llegó el momento de prepararse para morir, aceptara el bautismo cristiano.

21

Pero entonces, ¿de verdad se bautizó?

Esta es la primera cuestión que debemos abordar, puesto que nadie se refiere a ella (ni siquiera su propia familia); y quienes lo hacen, normalmente lo reconocen de puntillas tratando de quitarle importancia.

Acudiremos a fuentes directas, es decir, personas que asistieron al bautizo y, además, a alguno de sus amigos más cercanos que se atrevieron a hablar de este asunto, que no fueron muchos, para entender las circunstancias que rodean y dieron lugar a esta conversión silenciosa y silenciada

Rita Marley.

Situémonos primero siguiendo a la que va a ser nuestra fuente directa inicial, Rita Marley. Su cercanía la posiciona en un lugar privilegiado que nos permitirá entender los últimos momentos de la vida de Bob y mirar con más perspectiva su decisión de bautizarse. Con la llegada de su enfermedad, Bob Marley actuará de cierta forma que choca con esa versión comercial que todavía percibimos en los productos que llevan su imagen. Por ello consideramos relevante mirar estos momentos finales de su vida, apoyándonos en la versión de Rita. Sobre la enfermedad de Bob, relatará que[33]:

> "En septiembre de 1975, durante un partido de fútbol, Bob recibió un violento pisotón en el dedo gordo del pie derecho. La herida revestía cierta gravedad pero él no le dio importancia. (…). Al final, después de que volviese a lesionarse el mismo dedo en 1977, la uña se desprendió y contrajo un melanoma maligno, irónicamente una enfermedad que casi nunca afecta a las personas de color"[34].

Así Rita nos presenta el origen de su enfermedad y el momento en que ésta vuelve con más fuerza de lo que quizá Bob hubiera esperado. En este momento, tras darse cuenta de

---

[33] MARLEY, R., "No woman No cry". Ediciones B. 2005, p. 179.
[34] Bob Marley no era "de color" sino mulato; su padre, Norval Sinclair Marley era un británico blanco, como se ha dicho ya. Uno de sus primos por esa rama familiar, Christopher Marley, aclaró: "En la rama blanca de los Marley existe un largo historial de cáncer de piel y al menos un caso previo de melanoma". STEFFENS, R., Opus cit., pp. 261. En todo caso, lo que Rita quiere decir en esa última frase, como explicó en el documental "Marley" de Kevin Macdonald, es que fue la "parte blanca" de Bob la que lo mató.

la gravedad, se plantea por los médicos la necesidad de amputar ese dedo para evitar toda problemática posterior. No obstante, Bob no aceptó esta propuesta. Rita explicó así la situación y la decisión de su marido:

> "Sin embargo, Bob creía que los médicos que le estaban tratando le engañaban, incluso el Doctor Bacon, un médico negro de Miami que apreciaba a Bob y que me dijo "Si Bob me permitiera amputarle el dedo, todo esto se acabaría". Poco después se lo comenté a Bob, pero él pensó que yo había perdido el juicio. Creía que si accedía no podría permanecer de pie durante los conciertos. "Qué haría en el escenario? No querrán mirar a un lisiado", me espetó con enfado, (…)

> Al final, Bob mandó llamar a Pee Wee, un médico de su confianza que era miembro de las Doce Tribus, y a Gad Man[35], el dirigente de la organización. Le dijeron que el doctor Bacon mentía, que era solo un dedo dolorido y que pronto se pondría bien, que dejase de acudir al hospital donde le habían diagnosticado aquello. Y lo hizo".[36]

Su desconfianza se debió, por tanto, a la opinión del referido Pee Wee Fraser (+21.11.2021), amigo y médico personal[37] de Bob, que trabajaba en la "University of the West Indies

---

[35] Gad Man apodo de Vernon Carrington, fundador de la rama rastafari de Las Doce Tribus de Israel. DAVIS, S. Opus cit., p 104. También en: https://www.rootslandmx.com/post/conciencia-africana-y-resistencia-el-papel-de-las-mansiones-rastafari-en-la-lucha-contra-la-opresi%C3%B3

[36] MARLEY, R. Opus cit., p. 184.

[37] STEFFENS, R. Opus cit., p. 257.

Hospital" en Kingston[38]; y a la de Gad Man[39] que le llegó a decir que era imposible que un rasta sufriera cáncer[40].

Fraser aclaró más tarde que él no estaba de acuerdo con la amputación "atendiendo a su experiencia médica" porque los análisis que le hicieron a Marley "no revelaron ninguna propagación linfática".

Por su parte, Cindy Breakspeare, pareja de Bob Marley en ese momento, manifestó que la amputación del dedo "se descartó, porque el dedo gordo es muy importante para mantener el equilibrio" [41].

En todo caso, y más allá de las posibles razones que pudieran ser consideradas, Bob no aceptó que le amputaran el dedo, pero sí que le hicieran un injerto de un trozo de piel, con lo que se creyó curado[42].

Así, Bob continuó en la vida con todos sus dedos otros tres años más.

El 19 y 20 de septiembre de 1980 dio un par de conciertos en el Madison Square Garden de Nueva York (tocó con The Commodores, todavía con Lionel Richie al frente); a la

---

[38] BROOKER, C. and WINKLER, A. "Bob Marley. An intimate portrait by his mother". Penguin Books. 1997, p. 177.
[39] Líder de la orden rasta a la que pertenecía Bob "The twelve tribes of Israel"
[40] SALEWICZ, C. "Bob Marley: The Untold Story". Harper Collins. 2009, p 326.
[41] STEFFENS, R. Opus cit., pp. 258 y 259.
[42] STEFFENS, R. Opus cit., pp. 277.

mañana siguiente se desplomó mientras hacía deporte[43] en Central Park. En este momento fue cuando se le detectó una metástasis ya intratable; y así lo contó Rita[44]:

> "Bob ingresó en el Memorial Sloan-Kettering Cancer Center, donde lo sometieron a sesiones de radioterapia que le provocaron la caída del pelo alrededor de la frente y las sienes. (…) todos los médicos dijeron que apenas le quedaban unos meses de vida, que el cáncer le había afectado al hígado los pulmones y el cerebro y que seguiría extendiéndose. Bob regresó a Sloan-Kettering donde le trataron con quimioterapia y los rizos comenzaron a caérsele a puñados".

Y así, damos con un trozo de relato que no solemos conocer cuando hablamos de Bob Marley. Este fragmento de su biografía parece haber quedado atrás, parece haber sido aplastado por el legado rastafari que hoy conocemos de Bob. Este es el momento clave en el que Bob Marley, el Bob Marley de "Redemption Song", que empieza a notar los síntomas de la finitud, pide a Rita que avise al arzobispo de la Iglesia Ortodoxa Etíope. Bob pide ser bautizado por Abuna Yesehaq. Esta figura será muy relevante no sólo alrededor del

---

[43] Rita dice que "Alan Cole lo había llevado a correr para vigorizarlo pero a medio camino Bob había sentido que el cuerpo se le paralizaba" MARLEY, R. Opus cit., p. 184.
Danny Sims (su manager en ese momento) se refirió a que fue en un partido de fútbol: *"Y ese día estábamos con Bob en el parque. Alan "Skill" Cole y el grupo de Bob hicieron el equipo (…) y ellos empezaron su partido, de pronto a Bob le dio un ataque del tipo epiléptico soltando espuma por la boca, y decía "Allan, Allan". Estaba delirando, y lo único que le salía decir era "Allan, Allan".* STEFFENS, R. Opus cit., pp. 334 y 335.
[44] MARLEY, R. Opus cit., pp. 185 y 186.

bautismo de Bob, sino como una de las personas que lo acompañó en sus últimos momentos. Abuna Yesehaq, cuyo nombre original era Laike Maryam Mandefro (1933-2005) fue enviado en 1970 a Jamaica para establecer allí la Iglesia Ortodoxa Etíope, con el fin de evangelizar a los rastafaris. Halie Selassie lo mandó para tratar de convencer a los rastafaris de que él, como emperador etíope, no era el nuevo Jesucristo[45].

Así, Abuna Yesehaq no solo coincidió con Bob, sino que pudo acercarse tanto a él como a su familia. Acabaron siendo buenos amigos; de hecho, Yesehaq vivió muchos años en la casa de Washington Drive donde vivían Rita y los hijos Marley; lo cuenta Rita[46]:

"Una vez instalados en Washington Drive, que era una especie de "hogar familiar", Abba Mandefro y Zacgy de Etiopía, sacerdote de la Iglesia ortodoxa

---

[45] El emperador Haile Selassie I negó explícitamente ser la reencarnación de Jesucristo. En una entrevista realizada en 1967 por el periodista Bill McNeil de la CBC, Selassie declaró: "He oído hablar de esa idea. También conocí a ciertos rastafaris. Les dije claramente que soy un hombre, que soy mortal, y que seré reemplazado por la próxima generación, y que nunca deben cometer el error de asumir o pretender que un ser humano emana de una deidad." Puede oírse esa parte de la entrevista en https://www.youtube.com/watch?v=TZ4cvQlXMzg

Sin embargo, los representantes rastas que se reunieron con él en su previa visita a Jamaica en abril de 1966 "aseveraron después que les había dicho: Soy quien decís que soy" conforme indica STEFFENS, R. Opus cit., p. 88. En ese sentido, conforme a BERMUDEZ, D. Opus cit., p 11: *"Hector Winter, ex senador y editor del diario jamaicano Gleaner, recuerda que, luego de preguntarle acerca de eso en la visita del Emperador de Etiopía a Jamaica en 1966, recibió como respuesta: ¿Quién soy yo para perturbar sus creencias?"*

[46] MARLEY, R. Opus cit., p172

etíope y profesor respectivamente, se convirtieron en nuestros inquilinos. La Iglesia no podía permitirse el alquiler y Abba no había tenido una vida fácil, por lo que aceptó a ayudar a Tía a cuidar de los niños. Se convirtió en una especie de abuelo para ellos y lo cierto es que me sentí mucho mejor."

En 1979, fue consagrado como arzobispo.

Volvamos al relato de Rita[47], pues todavía queda mucho que contar sobre Bob:

"Empezó a perder peso rápidamente y poco a poco pareció ir convirtiéndose en otra persona. **La mañana del 4 de noviembre de 1980 pidió que le bautizaran. Yo le había insistido en que se bautizara desde que su Majestad Halie Selassie envió a Abba a Jamaica porque había bautizado a todos nuestros hijos (no solo los míos) según el rito de la Iglesia Ortodoxa Etíope. Cuando esa mañana me pidió que llamase a Abba, estaba llorando. Todos llorábamos. Bautizaron a Bob Marley con un nuevo nombre Berhane Selassi, que significa "luz de la trinidad".**

El bautismo se realizó en el hotel Wellington[48], en Midtown Manhattan, donde estaba alojado Bob para estar más cerca del Centro médico en el que le estaban tratando ya con sesiones de radioterapia (Memorial Sloan-Kettering Cancer)[49].

---

[47] MARLEY, R., opus cit., p .186.
[48] DAVIS, S. Opus cit., p. 319.
[49] MARLEY, R. Opus cit., p. 185.

Este testimonio ha dado lugar a que varios biógrafos consideren que Bob decidió bautizarse por la presión que Rita pudo ejercer sobre él. Dejaremos esta cuestión para más adelante. Más allá de esto, la confesión de Rita, clara, aunque bastante lacónica, la corroboró nuestra segunda fuente directa: el propio Arzobispo Abuna Yesehaq.

Arzobispo Abuna Yesehaq.

El Arzobispo Abuna Yesehaq habló públicamente del bautismo de su amigo Bob Marley al menos en dos ocasiones:

1.- En una primera entrevista realizada el 25 de noviembre de 1984 en el "Jamaica´s Sunday Gleaner", realizada por Barbara Blake Hannah[50] titulada "Abuna Yesehaq looks back on 14 years of ministry in Jamaica" (Abuna Yesehaq recuerda sus 14 años de ministerio en Jamaica).

No hemos podido encontrar el ejemplar físico, ni el digital, de la revista donde se incluyó esta entrevista, pero sí una reseña escrita el 25 de marzo de 2016 por la propia Barbara Blake Hannah en un posterior artículo titulado "The Power of the Cross-The importance of baptism in the Ethiopian Orthodox Faith" (El poder de la Cruz-La importancia del bautismo en la fe Ortodoxa Etíope), que era, a su vez, una recensión sobre un libro de igual título; transcribimos a continuación la referencia indicada (la traducción, como todas las que se hagan en este libro, es nuestra)[51]:

(…) The importance of Baptism in the Orthodox faith was underscored by	(…) La importancia del bautismo en la fe ortodoxa fue subrayada por el bautismo de

---

[50] Escritora y periodista jamaicana nacida en 1941. Amiga personal de Bob Marley. Se convirtió en la primera periodista de televisión negra en el Reino Unido (1968). En 1984 fue la primera mujer rastafari en ocupar un escaño en el Parlamento de Jamaica.

[51] https://barbarablakehannah.wordpress.com/tag/bob-marley/
Hay también otra referencia bastante larga respecto a esta entrevista, coincidente con la transcrita, en:
https://jamaicans.com/interview_abundayesehaq/

Bob Marley's baptism on his deathbed by Archbishop Yesehaq who reported in a 1984 interview I did with him in the Gleaner's Sunday Magazine titled "Abuna Yesehaq Looks Back on 14 Years of Ministry in Jamaica" the following report about Bob Marley's baptism:

"Bob was really a good brother, a child of God, regardless of how people looked at him. He had a desire to be baptized long ago, but there were people close to him who controlled him and who were aligned to a different aspect of Rastafari. But he came to Church regularly. I remember once while I was conducting the Mass, I looked at Bob and tears were streaming down his face (…). When he toured Los Angeles and New York and England, he preached the Orthodox faith, and many members in those cities came to the Church because of Bob.

Bob Marley en su lecho de muerte por el arzobispo Yesehaq, quien manifestó en una entrevista que le hice en 1984 en la revista dominical Gleaner titulada "Abuna Yesehaq mira hacia atrás en 14 años de ministerio en Jamaica" lo siguiente sobre el bautismo de Bob Marley:

"Bob era realmente un buen hermano, un hijo de Dios, independientemente de cómo lo mirara la gente. **Tenía el deseo de ser bautizado hace mucho tiempo, pero había personas cercanas a él que lo controlaban y que estaban alineadas con un aspecto diferente de Rastafari. Pero él venía a la Iglesia con regularidad**. Recuerdo que una vez, mientras dirigía la Misa, miré a Bob y las lágrimas corrían por su rostro (...). **Cuando recorría Los Ángeles, Nueva York e Inglaterra, predicó la fe ortodoxa, y muchos miembros de esas ciudades vinieron a la Iglesia gracias a Bob. Mucha gente piensa**

31

Many people think he was baptized because he knew he was dying, but that is not so…he did it when there was no longer any pressure on him, and when he was baptized, he hugged his family and wept, they all wept together for about half an hour.	**que se bautizó porque sabía que se estaba muriendo, pero no es así… lo hizo cuando ya no había presión sobre él,** y cuando se bautizó abrazó a su familia y lloró, todos lloraron juntos alrededor de media hora.

En esta primera entrevista, queda evidente que el bautismo de Bob Marley no solo ocurrió, sino que no fue fruto de una muerte inminente. Todo lo contrario, parece más bien haber sido algo meditado desde mucho antes.

2º.- En una segunda entrevista (oral) para la televisión JBC TV (Jamaica Broadcasting Corporation), el 9 de julio de 1995, que le realizó Ian Boyne (IB). Transcribimos a continuación la parte de esa entrevista que importa a la cuestión analizada, a partir del minuto 7:06 de la grabación[52]:

IB: I see, you baptized Bob Marley	IB: Ya veo, Vd. bautizó a Bob Marley.
ABBA: I did babtized Bob Marley on the presence of his wife Rita Marley and his children, yes, only the family because he was not so willing to have it officially, it was difficult for him you get	ABBA: **Sí, yo bauticé a Bob Marley en presencia de su mujer Rita Marley y de sus hijos,** sí, solamente en presencia de su familia porque no estaba muy dispuesto a hacerlo de

---

[52] https://www.youtube.com/watch?v=yNsDCdeZEDY

it, which I don´t want to describe it, and anyway this is what it happened you know …	manera oficial, pública, era difícil para él …. no quiero describirlo, sí, de cualquier modo esto es lo que pasó.

Y a partir del minuto 10.29 de la grabación:

IB: (…) But Bob Marley is a very good member tall it was a most delinquent member will keep the sexual matters well… why were you afraid to dispute because you never said you know?	IB: Pero Bob Marley era un miembro importante, pero incumplía mucho en cuestiones sexuales, ¿estaba Vd. preocupado al ser él una celebridad?
ABBA: No, no, no, no, Bob Marley was a man who was coming along to learn so much about the principle of the Church, because I told him how His Majesty lived with one woman, with one wife, and he believed. Some other people advised him that he is the grandson of David and Solomon and they both had many wives, but I told him: "No, that's wrong, just follow His Majesty". He said: "Yes, Abba, I will follow His Majesty." So, he was really coming to realize that.	ABBA: No, no, no, no, Bob Marley era un hombre que vino para aprender sobre los principios de la Iglesia, porque le expliqué cómo Su Majestad vivía con una mujer, con una esposa, y él lo creyó. Algunas otras personas le decían que él era el nieto de David y Salomón y ambos tenían muchas esposas, pero yo le dije: "No, eso está mal, solo haz lo que hace Su Majestad". Dijo: "Sí, Abba, yo seguiré a Su Majestad." Así que él realmente se estaba dando cuenta de eso.

IB: But he was a man who lived with a lot of women?

ABBA: Well that I don't know, that's private things, I really don't know so much.

IB: But you had to warn him one time?

ABBA: Yes, I did. I did when I heard something like that. He had some women, others than his wife, and I advised him many times and he listened to me really; he said: "Yes, you are right, I am going to follow this."

IB: So, he was trying to follow, at least the Church really wanted him?

ABBA: Yes, he was really trying to follow this tradition **and when he was baptized, he cried for half an hour.** And I consider this as a repentance.

IB: He cried?

IB: ¿Pero era un hombre que estaba con muchas mujeres?

ABBA: Eso no lo sé, son cosas privadas, realmente no sé mucho.

IB: Pero ¿tuvo que advertirle alguna vez?

ABBA: Sí, lo hice. Lo hice cuando escuché algo así. Tenía algunas mujeres, distintas a su esposa, así que le aconsejé muchas veces y me escuchó realmente; él dijo: "Sí, tienes razón, voy a seguir esto."

IB: Entonces, ¿estaba tratando de cumplirlo, al menos la Iglesia realmente lo quería?

ABBA: Sí, él realmente estaba tratando de seguir esta tradición **y cuando fue bautizado, lloró durante media hora.** Y consideré eso como un arrepentimiento.

IB: ¿Lloró?

ABBA: Yes, he cried, he washed out with that.

IB: What year Bob Marley was baptized in Church, do you remember?

ABBA: Oh, it was... I forget. It was about seven months before he died. (...) You see, before that it was a difficult; it was difficult before even to discuss the matter because he was not a member of the Church. So even though I was very close to him…

IB: Oh, you knew him time before that?

ABBA: Yes, yes. As a matter of fact, he was always ready to be baptized in Maxfield Avenue and call the media and all that, but for several reasons, he could not do it.

IB: His wife Rita, is still a faithful member of the church?

ABBA: Sí, lloró, se lavó con eso.

IB: En qué año fue bautizado Bob Marley en la iglesia, ¿recuerda?

ABBA: Oh, fue... lo voy olvidando. Fue unos siete meses antes de morir. Verás, haberlo hecho antes era difícil; era difícil incluso plantear el asunto porque él no era miembro de la Iglesia. Aun así yo estaba muy cerca de él.

IB: Oh, ¿lo conociste antes de eso?

ABBA: Sí, sí. **De hecho, siempre estuvo listo para ser bautizado en la avenida Maxfield y llamar a los medios de comunicación y todo eso, pero por varias razones, no pudo hacerlo.**

IB: Su esposa Rita, ¿es todavía un miembro fiel de la iglesia?

ABBA: Yes, her and her children. From 1973, she was baptized and never left.

IB: Oh, she was baptized earlier?

ABBA: Yes, she is a main supporter of the Church and very faithful and she teaches the teaching of the Church to all the brothers and sisters.

IB: Let me ask you, Archbishop, did Bob Marley, in his sort of little months of his life, did he come to give up the view that Selassie was God? Did you have a discussion with him about that?

ABBA: Well, let me tell you: Bob never even mentioned about His Majesty as God in front of me. He always asked me: "Abba, who is Christ?" I told him: "Christ, Jesus Christ is the one who was crucified." You see, Bob was not an easy person, he was very diplomatic to you. Especially, he had a very good respect, a great respect rather, for me, you

ABBA: Sí, ella y sus hijos. **A partir de 1973, fue bautizada y nunca se fue.**

IB: Oh, ¿ella fue bautizada antes?

ABBA: Sí, ella es un gran apoyo de la Iglesia y muy fiel y enseña la doctrina de la Iglesia a todos los hermanos y hermanas.

IB: Déjeme preguntarle, arzobispo, ¿Bob Marley, en sus pocos meses de vida, renunció a la idea de que Selassie era Dios? ¿Tuvo usted una discusión con él sobre eso?

ABBA: Bueno, déjeme decirle: Bob nunca mencionó a su majestad como Dios delante de mí. Él siempre me preguntaba: "¿Abba, quién es Cristo?" Yo le decía: "Cristo, Jesucristo es el que fue crucificado." Verás, Bob no era una persona fácil, era muy diplomático. Especialmente, tenía un gran respeto, un mayúsculo respeto más

know? Anything that is not right, he would not do. He had a great respect as I had come from Ethiopia and he was really a very respectful person. And we had not much discussed that, but one thing I remember about him, about dreadlock is that I asked him: "Bob, why would other children, rasta children, they grow their hair, I see little ones also with dreads. But your children, all them, have nothing. So, why then?" He said: "Abba, I would never persecute my children, I would never force them to do. When they grow, if they like it, they will make the decision themselves." That's what he told me. He was really great, you know?

bien, por mí, ¿sabes? Cualquier cosa que no fuera correcta, él no la haría. Tenía un gran respeto ya que yo había venido de Etiopía y era realmente una persona muy respetuosa. No habíamos hablado mucho de eso, pero una cosa que recuerdo sobre él, sobre las rastas, es que le pregunté: "Bob, ¿por qué otros niños, los niños rasta, les crece el pelo desde pequeños así (veo a los pequeños también con rastas). Pero tus hijos, todos ellos, no tienen nada. Entonces, ¿por qué?" Dijo: "Abba, nunca insistiría a mis hijos, nunca los obligaría a hacerlo. Cuando crezcan, si les gusta, decidirán por sí mismos." Eso es lo que me dijo. Era realmente genial.

El funeral de Bob Marley fue oficiado por el propio Arzobispo Yesehaq, siguiendo el rito cristiano ortodoxo; la esquela preparada, intuyo -pero no lo sé a ciencia cierta- que por el propio Arzobispo, también incluía una alusión directa a su bautismo, incluyendo su nuevo nombre de bautizado Berhane Selassie.

Aunque en el funeral hubo sus más y sus menos: el futbolista jamaicano, y rastafari, Allan 'Skill' Cole, que acudió vestido como miembro de la orden rasta "Twelve Tribes of Israel",

debía leer el Salmo 68 pero lo cambió por varios textos -de la Carta a los Corintios y del profeta Isaías- mucho más cercanos al pensamiento rastafari, con gran sorpresa y contrariedad de Abba; y juerga de gran parte de los asistentes[53].

Este funeral en parte refleja, por tanto, la convivencia de estas dos religiones en la vida y en la muerte de Bob: tuvo una ceremonia cristiana ortodoxa y rastafari. Es interesante tener en cuenta que, sin profundizar en la biografía de Marley, lo más probable es que al hablar de su funeral, lo imaginemos como un ritual rastafari. De nuevo, en el legado cultural que ahora queda de su figura, vemos cómo se ha invisibilizado su conversión.

---

[53] DAVIS, S. Opus cit. p 330 y 331.
También en (i) el artículo *"Salmo 137: Una nueva vida para Bob Marley"* en https://www.entrelineas.org/revista/bob-marley-y-el-salmo-137;
(ii) el artículo de 24 de abril de 2011 titulado *"Bob Marley's funeral, 21 May 1981: a day of Jamaican history"*, publicado por el periodista Richard Williams en The Guardian,
https://www.theguardian.com/music/2011/apr/24/bob-marley-funeral-richard-williams

OFFICIAL FUNERAL SERVICE

FOR THE

HON. ROBERT NESTA MARLEY O.M.

(BOB MARLEY - BERHANE SELASSIE)

(Light of the Trinity)

AT

THE ETHIOPIAN ORTHODOX CHURCH
HOLY TRINITY

89 MAXFIELD AVENUE, KINGSTON, JAMAICA

8. 00 — 9. 00 a.m.

AND

THE NATIONAL ARENA

11. 00 a.m.

THURSDAY MAY 21, 1981

OFFICIATING:-

HIS EMINENCE ABOUNA YESEHAQ
ARCHBISHOP OF THE ETHIOPIAN ORTHODOX CHURCH
IN THE WESTERN HEMISPHERE

Assisted by Priests and Deacons of the Ethiopian Orthodox Church in Jamaica

SERVICE WILL BE PERFORMED IN GEEZ, AMHARIC AND ENGLISH

Barbara Blake Edwards.

La antes referida periodista Barbara Blake volvió a referirse al bautismo de Bob, en su condición de amiga personal, en una reciente entrevista con ocasión del biopic de Bob Marley *One love (*estrenado en 2024)[54]:

Alt A: And a couple of short questions, are you looking forward to the Bob Marley movie?	Alt A: Y un par de preguntas breves, ¿estás esperando con impaciencia la película de Bob Marley?
Barbara: Oh, yes. Bob was a friend of mine. I got to know Bob when I came back to Jamaica because the same Chris Blackwell, when I'd finished doing the film said, "Hey, Barbara, come and work for me now". He said, "I've got some journalists coming down. I've just signed a new band. Can you show them around? Go up to 56 Hope Road. And the band is around the back." I went around the back and met Bob Marley and from then we just became friends. Really good friends. (…)	Bárbara: Oh, sí. Bob era amigo mío. Conocí a Bob cuando regresé a Jamaica porque el mismo Chris Blackwell, cuando terminé de hacer la película, me dijo: "Oye, Barbara, ven a trabajar conmigo". Dijo: "Van a venir algunos periodistas. Acabo de firmar con una nueva banda. ¿Puedes enseñarles los alrededores? Sube hasta 56 Hope Road. Y la banda está detrás". Fui por detrás y conocí a Bob Marley y desde entonces nos hicimos amigos. Realmente buenos amigos. (…).

---

[54]https://alt-africa.com/2023/08/04/the-big-interview-barbara-makeda-blake-hannah-britains-first-black-female-tv-reporter/

But we were friends right till he passed and each year I usually get asked to pay a tribute at his birthday. I've been at his birthday several times and seen some miracles take place on that February 6th. Too many to tell. **Bob's spirit still lives. His baptism in the Orthodox faith before he died was really very important, it gave him his ever-living life. Bob is still my friend and I'm good friends with the family. (…).**	Pero éramos amigos hasta que falleció y cada año normalmente me piden que le rinda un homenaje en su cumpleaños. Estuve en su cumpleaños varias veces y vi algunos milagros ese 6 de febrero. Demasiados para contarlos. El espíritu de Bob aún vive. **Su bautismo en la fe ortodoxa antes de morir fue realmente muy importante, le dio la vida eterna. Bob sigue siendo mi amigo y soy un buen amigo de la familia. (…).**

Pee Wee Fraser.

También reconoce el bautismo nuestro ya conocido Pee Wee Fraser, médico personal y amigo de Bob como ya está dicho, en la entrevista que le hizo Roger Steffens para su libro "Tanto que contar. Historia oral de Bob Marley"[55] :

> *"Roger Steffens:* **Como atestigua el doctor Fraser,** *el arzobispo Abuna Yesehaq, de la Iglesia Ortodoxa etíope, bautizó a Bob en presencia de su mujer Rita, y de otros miembros de su familia antes de partir hacia Alemania. En una entrevista con Barbara Blake Hannah, en el Jamaica Sunday Gleaner, el religioso recordaba los hechos de ese día.*
>
> *Arzobispo Abuna Yesehaq: Bob era un buen hermano ..."* [sigue el texto ya transcrito antes]".

---

[55] STEFFENS, R., opus cit. p 344

Por último, vamos a traer aquí a dos de sus amigos más cercanos, para los que el bautismo de Bob Marley fue un hecho crucial porque ambos … ¡se terminaron bautizando!

Judy Mowatt.

Judy Mowatt era una de las tres cantantes del grupo "I Threes" que hacía los coros a "The Wailers" (junto a Rita Marley y Marcia Griffiths). Se bautizó en 1990[56], finalmente convencida tras oír las declaraciones de Halie Selassie antes referidas (ver anterior nota 45 a pie de página).

En varias entrevistas Judy, íntima amiga de Rita Marley, como hemos dicho, confirmó el bautizo de Bob[57].

En la entrevista *"Judy Mowatt: From Rasta to disciple"* publicada el 16 de octubre de 2005 en la web *Cross Rhythms*, contestaba al periodista Mike Rimmer,[58]:

When Bob was on his dying bed, his wife Rita called me on the phone and said to me that Bob was in such excruciating pain and he stretched out his hand and	Cuando Bob estaba en su lecho de muerte, su esposa Rita me llamó por teléfono y me dijo que Bob estaba sufriendo un dolor insoportable y que

[56] En la propia web de Judy Mowatt se hace referencia a su conversión https://judymowattoutreach.org/judy-mowatt/

[57] *Did Bob Marley Turn To Jesus? A jaw dropping Conversation with the great Judy Mowatt fr the iThrees,* en https://www.youtube.com/watch?v=_8v6OUOV4cA
También: https://legendaryreggae.com/2012/04/27/judy-mowatt-on-bob-marleys-christianity/

[58] https://www.crossrhythms.co.uk/articles/music/Judy_Mowatt_From_Rasta_to_disciple/16758/p1/

said, 'Jesus take me.' I was wondering to myself, 'Why is it that Bob said "Jesus" and not "Selassie"?'

But I never said it to anyone. Then I met a friend of mine and he said his sister, who is a Christian, was a nurse at the hospital where Bob was before he passed on, and she led him to the Lord Jesus Christ. So when Rita saw him saying 'Jesus take me', he had already received the Lord Jesus Christ in his life.

People need to know, because they would be drawn also to Jesus Christ. But nobody wants to promote that and in Jamaica, I said it on a popular television programme and a Rasta man met me and asked me why did I have to say that? I said, 'Because it's the truth!' But he never wanted me to reveal that and I think that anybody doesn't want that to be revealed, because so

él extendió la mano y dijo: 'Jesús, llévame'. Me preguntaba: '¿Por qué Bob dijo "Jesús" y no "Selassie"?

Pero nunca se lo dije a nadie. Luego conocí a un amigo mío y me dijo que su hermana, que es cristiana, era enfermera en el hospital donde estaba Bob antes de su fallecimiento, y ella lo llevó al Señor Jesucristo. Entonces, cuando Rita lo vio diciendo 'Jesús, llévame', ya había recibido al Señor Jesucristo en su vida.

La gente necesita saberlo, porque también se sentirían atraídas por Jesucristo. Pero nadie quiere promover eso y en Jamaica lo dije en un popular programa de televisión y un hombre rasta se reunió conmigo y me preguntó por qué tenía que decir eso. Le dije: '¡Porque es la verdad!' Pero él nunca quiso que yo revelara eso y creo que nadie quiere que eso sea revelado, **porque**

many people would be drawn to the Gospel.	mucha gente se sentiría atraída por el Evangelio.

En otra entrevista que aparece en la web de la CBN (The Christian Broadcasting Network), que le realizó Victor Oladokun (periodista británico-nigeriano) vuelve a recordar[59]:

(…)	(…)
VICTOR: Tragically, Bob Marleys musical career ended as suddenly as it had all begun. In 1981, at the age of 36, Bob Marley died of cancer. One of the things Ive heard over the years, and I do not know that its true, is that just before Bob Marley died in 1981, he came to know Jesus Christ as his Lord and Savior.	VICTOR: Trágicamente, la carrera musical de Bob Marley terminó tan repentinamente como había comenzado. En 1981, a la edad de 36 años, Bob Marley murió de cáncer. **Una de las cosas que he escuchado a lo largo de los años, y no sé si es verdad, es que justo antes de que Bob Marley muriera en 1981, llegó a conocer a Jesucristo como su Señor y Salvador.**
JUDY: That makes two of us. I've heard the same thing. His wife, Rita Marley, said to me when he was in so much excruciating pain that he	**JUDY: Ya somos dos. Escuché lo mismo. Su esposa, Rita Marley, me dijo que cuando sentía ese dolor tan insoportable dijo: 'Jesús, llévame'. Extendió**

[59] *Bob Marley Backup Singer Gets Saved". Sin fecha indicada.*
https://cbn.com/article/not-selected/bob-marley-backup-singer-gets-saved

said 'Jesus, take me.' He stretched out his hands and said 'Jesus, take me.' Now, I'm saying to myself, he could have said 'Selassie take me,' but he said 'Jesus, take me.'	**las manos y dijo: 'Jesús, llévame'.** Ahora, me digo a mí misma, él podría haber dicho 'Selassie, llévame', pero dijo 'Jesús, llévame'.

Tommy Cowan.

Productor y mánager de Bob Marley, que fue pieza fundamental en la creación del sello discográfico de Bob Marley ("Tuff Gong") y que también fue el productor en su gira europea de 1979[60] y por Zimbabwe.

Su conversión la explica en una entrevista en "Caribean Tv-CBTV1"[61]; es significativo que al principio de la entrevista (minuto 1:20) cuando la entrevistadora le dice "First, I understand that you are now a Christian" (En primer lugar, entiendo que ahora eres Cristiano), contesta: "Not just a Chistian, but a born again Christian" (No solo Cristiano, sino un Cristiano nacido de nuevo) recordando la contestación de Jesús a Nicodemo[62]; como recuerda el maestro Luis González-Carvajal, "los anglosajones llaman a los convertidos twice born («nacidos dos veces») para distinguirlos de los once born («nacidos una vez»)"[63].

Pero es en la entrevista "Tommy Cowan shares his story"[64] en la que se refiere expresamente al bautismo de Nesta Marley; transcribimos a continuación a partir del minuto 1:29:12 de esta entrevista (al ser una larga exposición oral, dejamos en

---

[60] http://www.pressure.co.uk/item/PS52/
[61] https://www.youtube.com/watch?v=TD2iQklnpaA
[62] Juan 3,3-6: "Respondió Jesús y le dijo: De cierto, de cierto te digo, que el que no naciere de nuevo, no puede ver el reino de Dios. Nicodemo le dijo: ¿Cómo puede un hombre nacer siendo viejo? ¿Puede acaso entrar por segunda vez en el vientre de su madre, y nacer? Respondió Jesús: De cierto, de cierto te digo, que el que no naciere de agua y del Espíritu, no puede entrar en el reino de Dios".
[63] FERNANDEZ-CARVAJAL, L. Esta es nuestra Fe. Teología para universitarios. 13ª Edición, p. 208.
[64] https://www.youtube.com/watch?v=ZwJ8FM_323U

cursiva y entre paréntesis palabras que no parecen casar con el resto):

And when Abba (*man death row*) who revealed me to the baptism of Bob Marley, (*of her Obap was baptized*), and I said to him; "Abba friendly you got him baptized explains it was in New York". And he sent for him and he had his wife there. And I think it's one of the things that people one, of the the things that people do not like to speak about Bob Marley, or have the least thing that that they focus on is about this baptism into the Christian faith. And I said to Abba: what did you say to him finally?

And [Abba] said: "do you accept Jesus as your lord and saviour and you ask for your forgiveness of your sins?"

And he [Bob Marley] said yes and he [Abba] said, he said "well I'm going to baptize" [to baptize Bob] and Bob said "wait". And he [Bob Marley] went into what he would call into his whole

Y cuando Abba (*hombre condenado a muerte*) me reveló el bautismo de Bob Marley, (*de ella fue bautizado Obap*), y yo le dije; "Abba amigo que lo bautizaste me explica que fue en Nueva York". Y mandó llamarlo y tuvo allí a su mujer. **Y creo que es una de las cosas en las que a la gente no le gusta hablar de Bob Marley, o en la que menos se concentran es en este bautismo en la fe cristiana.** Y le dije a Abba: ¿qué le dijiste finalmente?

Y [Abba] dijo: "¿Aceptas a Jesús como tu señor y salvador y pides perdón de tus pecados?"

Y él [Bob Marley] dijo que sí y él [Abba] dijo, dijo "bueno, te voy a bautizar" [para bautizar a Bob] y Bob dijo "espera". Y él [Bob Marley] entró en lo que llamaría todo su dolor y confesión y él [Abba] **dijo**

um grief and confession and he [Abba] said [that] for hours and hours Bob wept and after about two two days he [Bob Marley] said "yes, I am ready, I am ready". And he sent now for the children and and Rita. And he baptized him in the name of his Lord and Savior Jesus Christ. (…)	**[que] durante horas y horas Bob lloró y después de unos dos días él [Bob Marley] dijo "sí, estoy listo, estoy listo".** Y envió ahora a buscar a los niños y a Rita. **Y lo bautizó en el nombre de su Señor y Salvador Jesucristo.** (…)

Por lo tanto, le pese a quien le pese, lo niegue quien lo niegue, aunque nadie lo sepa o lo quiera saber, Bob Marley murió siendo cristiano, y no rastafari.

Capítulo IV
Olvidos y ambigüedades

El muro de silencio alrededor del bautismo de Bob Marley se ha ido construyendo sobre dos estructuras: el olvido y la ambigüedad. Ambas estructuras aseguran hoy no sólo la dificultad de demostrar su bautismo, sino que parecen obstaculizar que podamos generar un nuevo relato, uno más honesto y fiel sobre quién fue Bob Marley.

Silencio, olvido y ambigüedad, en conjunto, nos fuerzan a seguir indagando en la historia, si queremos acercarnos a la verdad con mayor seguridad.

El olvido.

No nos vamos a referir aquí al grupo de personas que niegan el bautismo de Bob Marley (que todavía los hay en el ámbito rastafari[65]), sino a aquellos y aquellas que, conociéndolo, incluso de primerísima mano, omiten cualquier referencia a él. Estas omisiones, que no negaciones, despliegan una aparente imposibilidad. Es decir, facilitan el olvido de aquello que pasó. De la misma forma que el silencio frente a cualquier hecho impactante implica seguir adelante, estas omisiones permiten que la versión comercial pueda ser tan distinta de la figura que fue Bob Marley.

Con los primeros silencios mencionados, la única forma de no seguir avanzando con lagunas, con agujeros, será poner palabra donde hubo omisión. Volver atrás y articular de nuevo, nombrar de nuevo, ordenar el discurso. Frente al bautismo de Bob, encontraremos tres omisiones, clamorosas.

---

[65] Bob Marley Did NOT Convert to Christianity
https://www.youtube.com/watch?v=eGddBc00_VY

No pretendemos simplemente exponer estas omisiones, sino precisamente poner palabra allí donde parece haber sido olvidada.

En primer lugar, nos parece muy relevante sacar a la luz lo qué ocurre cuando buscamos información sobre el bautismo de Bob Marley, no sólo en cualquier buscador online, sino específicamente en las webs más representativas del músico. Aunque podríamos añadir varias más, destacaremos dos, considerándolas las más importantes en lo referente a Bob Marley.

En la web oficial de Bob Marley[66], si escribes en el buscador la palabra "baptist" (bautismo), la lacónica respuesta es "Ouch. It seems we can´t find what you´re looking for"[67] (Vaya. Parece que no podemos encontrar lo que buscas)".

Tampoco la web oficial de la "Bob Marley Foundation"[68] (gestionada por la familia Marley) dice nada al respecto.

Estas dos webs, en teoría, deberían proporcionar información verídica sobre Bob Marley. Cabría pensar, además, que ambas webs, siendo administradas por su familia, deberían incluso ofrecer más detalles que otras webs que se nutran de biografías disponibles al público general. Consideramos esta inmensa omisión una de las que mayor peso tienen sobre el aparente olvido que perdura sobre la conversión de Bob. Quizá no porque venga de un lugar donde se haya buscado activamente ocultar este bautismo, sino más bien porque que estos buscadores ni siquiera reconozcan la palabra bautismo, solo refuerza todavía más, este silencio.

---

[66] www.bobmarley.com
[67] https://www.bobmarley.com/?s=babtism
[68] https://bobmarleyfoundation.org/our-story/

Si pretendemos conocer la historia real de Bob Marley, estos buscadores obstaculizan que podamos dar con el elemento esencial que da fruto a esta investigación y a este libro. Refuerzan que el muro de silencio siga en pie, y cada vez más sólido.

Siguiendo esta línea, aquellos lugares donde más se transmite y difunde conocimiento sobre las vidas de ciertos personajes, será en documentales. En los documentales más populares sobre Bob Marley, tampoco encontraremos una sola referencia a su bautismo:

En 1992, Declan Lowney[69] dirigirá el documental llamado *"Time will tell"*. Éste fue producido además por Neville Garrick, que fue diseñador de las portadas de muchos de los discos de Bob y del que oiremos su negativa opinión sobre el bautizo en el capítulo siguiente. Dejaremos de todas formas las negativas a un lado por ahora, destacando las omisiones. En 2001, por continuar en orden cronológico, Jeremy Marre dirige el documental *Rebel Music: The Bob Marley Story*[70]. Tampoco en él oiremos nada sobre el bautismo. En 2012, Kevin Macdonald nos regalará *"Marley"*[71], que hoy se sigue anunciando como *"la película definitiva sobre Bob Marley"*[72], y tampoco hace ni la más mínima referencia en sus más de dos horas de duración. Sus productores ejecutivos fueron Ziggy Marley, uno de los hijos de Bob y Rita como es sabido, y Chris Blackwell, su descubridor musical y productor discográfico.

---

[69] https://www.youtube.com/watch?v=bmi8z0hITWE
[70] https://www.youtube.com/watch?v=gexo5xIPCcY
[71] Puede verse en https://www.youtube.com/watch?v=S-Q2J_FeDSA
[72] https://www.filmin.es/pelicula/marley

Y añadimos, por su actualidad, el reciente biopic (2024) "*Bob Marley: One Love*", producido, además de por Brad Pitt y otra vez por Ziggy, por Rita (esposa) y Cedella (madre), en el que el silencio sobre esta cuestión es total. Tras el recorrido que podemos hacer no sólo de la enfermedad de Bob y de su bautismo en palabras de Rita[73], como bien hemos hecho en el primer capítulo de este libro, quedará la duda de por qué en esta ocasión Rita decidirá callar.

Para no quedarnos únicamente en las omisiones, optamos por tomar una tercera vía de investigación. Dentro de la amplia bibliografía existente sobre la vida de Bob Marley, solo hemos encontrado un libro muy corto (y autoeditado) que hable directamente de este asunto: *The Baptism of Bob Marley: Why no one talks about it and everything you need to know about how the baptism happened,* cuyo único mérito es el título, porque el resto de sus exiguas 31 páginas acude a lugares comunes del músico y solo se refiere expresamente al bautismo, de forma muy superficial, en 4 páginas[74]. No hemos sido capaces de encontrar ningún otro libro referido específicamente a esta cuestión o que la trate con algo de profundidad y seriedad.

Por lo tanto, es evidente que ni el entorno de Marley, ni su propia familia, tienen ningún interés ni han hecho el más mínimo esfuerzo para que se sepa que Bob fue bautizado en la religión cristiana. Sobre las razones que se nos ocurren para esto nos extendemos más en el siguiente capítulo.

---

[73] MARLEY, R. "No woman No cry". Ediciones B. 2005
[74] P. SANDLIN, K. "The Baptism of Bob Marley: Why no one talks about it and everything you need to know about how the baptism happened". Autoeditado, pp. 27 a 32.

La ambigüedad.

Vamos ahora con las ambigüedades, equívocos y rodeos que plantean sus biógrafos. Algunos de ellos como hemos mencionado, sí se refieren al bautismo de Bob Marley (todos a los que hemos tenido acceso, salvo la biografía de Chris Salewicz que ni lo menciona[75]), pero no le dan mayor importancia, o consideran que lo decidió por presiones familiares (Rita, su esposa; Cedella, su madre), o por el miedo ante la muerte.

Dentro de la ambigüedad con la que mencionan su bautismo, lo más destacable es que al contar la historia de Bob, parecen despojarlo de una voluntad real. Estas versiones no sólo son ambiguas, sino que la reafirman.

Roger Steffen, tras referirse a la ya mencionada entrevista al arzobispo Yesehaq en la que informó del bautizo de Bob Marley, plantea[76]:

> *Roger Steffens: Este hecho ha suscitado mucha controversia ¿Es verdad que Bob aceptó a Jesús como su salvador personal, rechazando el rastafari?* **En diciembre de 2013, le formulé esta cuestión a Neville Garrick.**

> *Neville Garrick: No, nunca lo he visto así. No podría decir que Bob abrazara a Jesucristo al final de su vida.*

Neville Garrick (fallecido en 2023), como hemos dicho, fue el productor del primer documental de Bob Marley, *Time will tell*, en el que no aludió, en ningún momento, al bautismo.

---

[75] SALEWICZ, C. Opus cit.
[76] STEFFENS, R. Opus cit., p 345.

Para quienes no tengan interés en la cuestión del bautismo de Bob Marley o el impacto que este hecho tiene en quién fue y cómo eligió vivir, puede que con esta mínima indicación de Garrick, se queden tranquilos y tranquilas. Si fuera así de sencillo, podríamos entonces mantener un Marley rasta sin siquiera considerar uno cristiano. Pero es que esto no es tan fácil de resolver; y Steffens es el primero en saberlo. En su figura encontramos precisamente esta dicotomía que ha permitido que el sesgo sobre Bob Marley siga presente hoy; que la historia que creemos cierta, no lo sea tanto. Steffens, aun siendo uno de los *gurús* de la vida de Bob Marley, también muestra claros intereses económicos al mantener y no contradecir la tan vendible imagen de rastafari[77] que en este libro pretendemos desmantelar.

La primera duda que surge es: ¿por qué preguntar esta cuestión sólo a Neville Garrick, cuya relación con el movimiento rastafari es clara[78]? Es cierto que fue buen amigo de Bob, pero eso no justifica el por qué no se plantea esta misma cuestión a nadie más que pudiera poner un contrapunto a esa "controversia". Porque sí queda claro que hay un interés explícito sobre esta cuestión, como hemos ido

---

[77] Steffens vendió, en agosto de 2024, su monumental archivo sobre Bob Marley al empresario Josef Bogdanovich (empresario hotelero y musical) por un precio que no se ha publicado, pero que podría rondar los 3 millones de dólares; explicó que la familia Marley no pudo igualar la oferta de Bogdanovich. Puede leerse la noticia en: https://variety.com/2024/music/news/bob-marley-expert-sells-archives-multimillion-dollar-deal-1236082183/; y en: https://www.dancehallmag.com/2024/07/26/news/roger-steffens-says-marley-family-failed-to-match-joe-bogdanovichs-offer-for-massive-bob-marley-collection.html

[78] https://www.eyemagazine.com/feature/article/reputations-neville-garrick

viendo en las diversas entrevistas expuestas en apartados anteriores. El peso que se le ha dado a la versión de Garrick queda justificado en parte, aunque sigue señalando que el interés económico puede haber primado sobre la verdad.

De nuevo, el terreno de la ambigüedad no viene dado, sino que enraíza en figuras algo contradictorias como la de Garrick. No parecemos estar frente a una situación donde la controversia no pueda ser esclarecida, sino que más bien parece que no interesa contradecirla.

Encontramos un patrón que creemos conveniente traer al frente. En varias de sus biografías, cuando se alude al bautismo de Bob ocurre lo siguiente: primero se reconoce su existencia de hecho, sin darle mayor importancia; e inmediatamente después se le niega la realidad, sin ni siquiera razonarlo, simplemente dando una opinión sin justificar ni explicar.

Por ejemplo, al propio arzobispo Yeseqah o con la antes citada Judy Mowatt que también conversó con Steffens para su libro[79], les ocurre esto mismo. En una entrevista publicada en The Voice, el 25 de agosto de 2015, Mowatt manifestó con toda claridad: Bob Marley sería cristiano si estuviera vivo hoy[80] (entrevista también reproducida por el periódico jamaicano The Gleaner de 25 de agosto de 2015 titulada "Bob Marley would have been a Christian were he alive today says

[79] STEFFENS, R. Opus cit., pp 175 y siguientes, en las que se refiere expresamente a la renuncia de Judy al credo rastafari
[80] https://archive.voice-online.co.uk/article/judy-mowatt-i-think-bob-marley-would-be-christian-now

Judy Mowatt"[81]). Sería difícil encontrar afirmación más contundente. Y aun con esa contundencia, esta versión, como también la de Yeseqah parecen disiparse sin impactar en el relato que hoy sigue vigente sobre Bob Marley.

Sigamos revisando las ambigüedades, esta vez examinando aquellas figuras que creerán que Bob en lugar de elegir su bautismo, cedió ante una presión externa que supuestamente lo acechaba. Stephen Davis[82], otro de sus biógrafos, también duda de la conversión, achacando el bautismo a la insistencia de su "familia":

As Bob lost more weight and began to look deathly ill, his family pressured him to be baptised in the Ethiopian Orthodox Church. Actually, Bob´s mother ... had been trying to get Bob baptized within the EOC for years but he had always said to her in putting it off "I baptized by fire" ... But now, fearing for his life, Bob agreed to baptism as a favor to his mother, thinking he had only another week or two to	A medida que Bob perdía más peso y comenzaba a verse mortalmente enfermo, **su familia lo presionó para que se bautizara en la Iglesia Ortodoxa Etíope**. En realidad, la madre de Bob ... había intentado conseguir bautizar a Bob dentro de la EOC desde hacía años, pero él siempre le había dicho, posponiéndolo: "Me he bautizado con fuego"... **Pero ahora, temiendo por su vida,**

---

[81] https://jamaica-gleaner.com/article/entertainment/20150826/bob-marley-would-have-been-christian-were-he-alive-today-says-judy#google_vignette
[82] DAVIS, S. Opus cit., pp 318-319. En este libro hay una segunda referencia al bautismo de Marley, en su página 330, cuando se refiere a que el "Arzobispo Yesehaq, que había bautizado a Bob en Nueva York el año anterior" presidió el funeral de Bob.

58

live. So he was baptized at the Wellington Hotel, watched by a tearful Rita and their children as Abouna Yesehaq, Archbishop of the Ethiopian Orthodox Church in the Western Hemisphere, performed the ceremony. Bob was christened Berhane Salassie, Light of the Holy Trinity. After the ceremony, Bob took his wife and children in his arms and wept.	**Bob aceptó el bautismo como un favor a su madre**, pensando que solo le quedaban una o dos semanas más de vida. Así que fue bautizado en el hotel Wellington, Rita y sus hijos observaron entre lágrimas cómo Abouna Yesehaq, Arzobispo de la Iglesia Ortodoxa Etíope en el Hemisferio Occidental, realizaba la ceremonia. Bob fue bautizado como Berhane Salassie, Luz de la Santísima Trinidad. **Después de la ceremonia, Bob tomó a su esposa e hijos en sus brazos y lloró.**

Timothy White va más allá y no habla de "presiones" sino que directamente menciona que quien hizo bautizar a Bob Marley fue Rita; en su biografía, de 476 páginas, solo hay cuatro líneas referidas al bautismo de Bob[83]:

Unbeknownst to the Twelve Tribes, Rita had Bob baptized in the Ethiopian Orthodox Church on November 4, 1980. Taking the name Berhane Selassie, he had become Christian rasta.	Sin que las Doce Tribus lo supieran, **Rita hizo bautizar a Bob** en la Iglesia Ortodoxa Etíope el 4 de noviembre de 1980. Tomando el nombre de Berhane Selassie, se había convertido en un **rasta cristiano**.

---

83 WHITE, T. Opus cit. p. 310.

Recogemos ahora, y brevemente, otros cuatro biógrafos que acogen este planteamiento de Timothy White. James Henke[84], que copia casi literalmente la misma frase transcrita en una biografía ilustrada que publica en 2006.

Montaña Vázquez[85] (1999) publicará que:

> "Ante la insistencia de Rita, su mujer, que veía cercano el momento de la muerte de su marido, Bob fue rebautizado por el rito de la tradicional iglesia ortodoxa de Etiopía. Su nuevo nombre fue Berhane Selassie".

Francis Dordor[86] (también en 1999) insistirá en que:

> "A petición de su esposa Rita, fue bautizado en la Iglesia Ortodoxa Etíope".

Carlos Monty[87], en 2002 relatará:

> "El 4 de noviembre [Bob Marley] vuelve a Miami (sic) y con la cercanía de la muerte, y a petición de Rita, se bautizó con el norme de Berhane Selassie por la Iglesia Tradicional Ortodoxa de Etiopía"[88]. También López Martínez que, sin referirse a Rita, solo dedica cuatro

---

[84] HENKE, J. Marley Legend: An Illustrated life of Bob Marley. Simon & Schuster. 2006, p. 57.
[85] MONTAÑA VÁZQUEZ. *Bob Marley*. Editorial La Máscara. 1999. p 43.
[86] DORDOR, F. *Bob Marley*. Librio-Musique. 1999
[87] LÓPEZ MARTÍNEZ, A. *Bob Marley*. Ediciones Cátedra. 2002, p 84.
[88] MONTY, C. *Bob Marley - Positive Vibration*. Editorial La Máscara. 1995, p. 70.

frases, de 150 páginas, al bautismo, sitúa erróneamente el bautismo en Miami.

Otra de sus biógrafas, Vivien Goldamn, en su libro "The book of Exodus"[89], aunque no se refiere concretamente a Rita, ni a Cedella, también dice – de nuevo destacamos que hay una sola frase en un libro de 325 páginas sobre el bautismo - que "fue bautizado". En este caso, la autora no dará más referencia, aunque sí desplegará un contexto en el que se entiende que Bob ya no tenía fuerzas para resistirse a ese bautismo:

During months of struggle, the failing warrior was babtized Berhane Selassie in the Ethiopian Orthodox Church.	Durante los meses de lucha, **el guerrero que iba apagándose fue bautizado** como Berhane Selassie en la Iglesia Ortodoxa Etíope.

Pero, nos preguntamos, si Bob Marley solo aceptó bautizarse por presiones familiares, o directamente fue Rita quien "le hizo bautizar", ¿por qué motivo lloró después de la ceremonia durante tan largo rato (lágrimas confirmadas tanto por el arzobispo Yeseqah como por Rita Marley, allí presentes)? ¿y los intentos de bautismo anteriores en Kingston? ¿y las visitas de Bob a las Iglesias Ortodoxas durante sus viajes? ¿Mintió entonces el Arzobispo Yeseqah? ¿Mintió triplemente Rita en su llamada a Judy Mowatt, en su indicación respecto a que fue Bob quien "me pidió que llamase a Abba" y en su información sobre el tiempo que llevaba Bob acudiendo a la Iglesia Ortodoxa Etíope? ¿Murió entonces Bob encomendándose a Halie Selassie?

---

[89] GOLDMAN, V. The Book of Exodus: The Making and meaning of Bob Marley and The Wailers album of the century. Paperback. 2006. P290.

Tampoco parece que la fórmula *rasta-cristiano* a la que se refiere Timothy White pueda sostenerse; o se es lo primero, o lo segundo: si crees que el carpintero de Nazaret, Yeshua, es el hijo de Dios, eres cristiano; si crees que lo es Halie Selassie, eres rasta. No es posible ser las dos cosas.

Por otro lado, plantear que el bautismo de Bob Marley se debió a la insistencia de Rita, o de Cedella, su madre, tampoco tiene mucho fundamento.

Primero porque sería no conocer el carácter de Bob Marley que, si difícilmente se dejaba convencer en cuestiones del día a día, cuanto menos lo haría, suponemos, en las cuestiones que pudieran ser básicas para él (y su espiritualidad, su religión si se nos permite, obviamente lo era). En palabras de Segree Wesley, amigo de su infancia[90]:

> "Pero si un rasgo lo caracterizaba, **es que era muy cabezón. Si decía rojo, era rojo. Así funcionaba**. (...) Le pasaba lo mismo con el balón, se cegaba si iba a por él, y le daba igual lo que hubiera en medio, él iba a tener el balón en los pies. Era un jugador muy agresivo".

Segundo porque Bob llevaba ya un tiempo acudiendo a la Iglesia Ortodoxa Etíope como reconoce la propia Rita:

> "Le llamé la mañana siguiente del concierto, un domingo, para preguntarle si quería ir a la iglesia (normalmente, <u>cuando estábamos en una ciudad donde había una iglesia ortodoxa etíope, solíamos acudir</u>)"[91].

---

[90] STEFFENS, R. Opus cit., p. 95.
[91] MARLEY, R., Opus cit. p. 183.

También el arzobispo Abuna Yesehaq lo indica, como se ha podido leer, en una de las entrevistas antes referidas:

"Cuando recorría Los Ángeles, Nueva York e Inglaterra, predicó la fe ortodoxa".

Y tercero, porque la opinión de las mujeres, en 1980 y en un entorno como era el rastafarismo, contaban más bien poco.

Neville Garrick, en el antes referido documental "Marley", recuerda las estrictas reglas rastas que el propio Bob imponía en su cuartel general de Hoap Road 56; entre ellas[92]:

"El asunto es que teníamos ciertas reglas estrictas en aquel entonces. Se suponía que la mujer debía usar vestido, no pantalones. Y por ejemplo no podía entrar con lo que llamábamos pintura de guerra, lápiz de labios, sombra de ojos. (…), si quieres estar con los rastafaris tienes que deshacerte de esas cosas de Babilonia".

Darío Bermúdez[93] también describe cómo se consideraba a la mujer en el rastafarismo de ese momento[94]:

"(…) es común que a las mujeres rastas se las llame "sisters (hermanas) o "daughters" (hijas), más allá del lugar que ocupen en las familias. Tienen prohibido usar pantalones e ingresar en los templos con la cabeza

---

[92] Puede verse en https://www.youtube.com/watch?v=S-Q2J_FeDSA (del minuto 1:07:38 en adelante).
[93] Autor del libro: Rastafaris. La mística de Bob Marley, Buenos Aires, Kier, 2007.
[94] BERMUDEZ, D. opus cit., p 31

descubierta. Usan ropas generalmente largas (hasta el piso o casi) porque se considera que la lujuria y la infidelidad no aparecen "si no se las provoca". Si muestran sus rodillas "están invitando al diablo". El uso de cosméticos es mal visto, porque degrada lo natural de la persona; ni hablar de las cirugías estéticas".

Consideramos relevante además tener en cuenta no solo la misoginia contextual que rodea a Rita Marley, sino además la situación específica que se dio en estos últimos años de la vida de Bob. Timothy White, en su biografía *"Catch the fire"*, cuenta que, tras el colapso de Bob en Central Park, nadie advirtió a Rita porque no estaba en el hotel de Bob (Essex House) debido a que, por primera vez en las giras, habían separado a las mujeres y al resto de la banda, para alojarlos a todos en otro hotel (Gramercy Park Hotel). White indicará que de esta separación:

> "No había precedente de esto, **a pesar del machismo rasta**"[95].

Cindy Breakspeare que, lógicamente, conocía bien el entorno de Bob Marley, cuando cuenta cómo y por qué se tomó la decisión de llevar a Bob Marley al hospital del Doctor Josef Issels en los Alpes Alemanes (a un clima que Bob Marley detestaba), en lugar de a Saint Ann, Jamaica, donde ella le hubiera llevado, se queja[96]:

> "Nunca me pareció bien esa decisión, y sé que a Rita Tampoco. No sé quién le empujó a hacer eso, porque

[95] WHITE, T. "Opus cit., p 308.
[96] STEFFENS, R., "Tanto que contar. Historia oral de Bob Marley". Malpaso, 2019, pp. 343

no teníamos mucho voto. **No éramos más que las mujeres"**

La propia Rita, ante la decisión antes referida de si se le amputaba o no el dedo gordo a Bob Marley explica[97]:

En cualquier caso, la decisión final no era cosa mía. Cada vez tenía menos influencia en ese ambiente enrarecido de super estrellas (...).

En todo caso, la clave creo que no es si le insistieron o no, pues sabemos que sí lo hicieron. Rita, no en ese momento, sino ya desde 1973, cuando Abuna Yesehaq la bautizó a ella y a sus hijos[98]. Ella misma lo reconoce en un párrafo ya transcrito antes[99]:

Yo le había insistido en que se bautizara desde que su Majestad Halie Selassie envió a Abba a Jamaica porque había bautizado a todos nuestros hijos (no solo los míos) según el rito de la Iglesia Ortodoxa Etíope

Respecto a que fuera su madre la que insistiera o se lo impusiera, tampoco parece que encaje muy bien ni con el referido ambiente machista de esa época y religión, ni con la propia relación que tenían madre-hijo en materia religiosa, en la que la voz cantante la llevada Bob[100], no Cedella:

---

[97] MARLEY, R., "No woman No cry". Ediciones B. 2005, pp . 180
[98] La fecha la indica Abba, en una de sus entrevistas, ya referida: *"Sí, ella y sus hijos. A partir de 1973, fue bautizada y nunca se fue. (...)".*
[99] MARLEY, R., opus cit. pp . 186
[100] "BROOKER, C. and WINKLER, A. "Bob Marley. An intimate portrait by his mother". Penguin Books. 1997, p 147.

Although Nesta was my son, in spiritual matters he grew to become my father and teacher. The babe and suckling ended up being the teacher of his mother	Aunque Nesta era mi hijo, en cuestiones espirituales creció hasta convertirse en mi padre y maestro. El bebé y el lactante acabó siendo maestro de su madre.

No olvidemos, además, que, como relató Abba Yeseqah, el bautismo ocurrió después de varios intentos fallidos de hacerlo en la Iglesia Ortodoxa de Avenida Maxfield en Kingston, como con más detalle indicamos en el capítulo siguiente.

Capítulo V
Razones de su ocultamiento.

Habiendo ya confesado el sesgo propio de quien escribe, sigue siendo asombroso el hecho de que la verdad de Bob Marley haya sido distorsionada hasta tal punto que sigue sonándonos extraña la posibilidad de que Bob Marley no terminara su vida siendo rastafari. Ya en mis lecturas de juventud, mi maestro Julián Marías me enseñaba que el ser humano tiene cuatro posibilidades de relación frente a la verdad: vivir en el ámbito de la verdad; en el horizonte de la verdad; al margen de la verdad; o vivir en contra de la verdad (utilizando sus propias palabras). La situación que analizamos estaría claramente en este último caso: "se afirma y quiere una falsedad a sabiendas, se la acepta tácticamente …. Y se admite el diálogo con ella: nunca con la verdad" [101].

Así, el mundo entero rinde pleitesía al rastafari Marley que … ¡decidió no serlo!

¿Qué razones había para ocultar este hecho o para, cuanto menos, ignorarlo, y qué razones puede seguir habiendo para mantenerlo así?

Sin ánimo de agotar la cuestión, pero sí para tratar de entenderla, creo que hay fundamentalmente dos razones que explican esta densa nebulosa: el poder y el dinero que son, por otro lado, dos de los motores de esta nuestra sociedad actual y que, normalmente aliados, sería imbatibles si no tuviéramos,

---

[101] MARIAS, J., "Introducción a la Filosofía". Manuales de la Revista de Occidente. 1947, pp. 117 a 119.

precisamente, al Espíritu del Resucitado entre nosotros. Y, por otra parte, una más accesoria, como fue la cercanía entre su conversión y su muerte.

A la primera de las razones de este ocultamiento de la verdad (el poder, en este caso el religioso) se han referido ya en sus entrevistas el arzobispo Yesehaq, la cantante Judit Mowatt y el productor musical Tomy Cowan (los tres con una muy estrecha relación con Jamaica).

El arzobispo Yesehaq, sin querer profundizar, creo que sabedor de que podía causar heridas en su propio entorno (Jamaica), se refiere, como hemos visto antes, muy directamente a la presión que había sobre Bob Marley para que no se bautizara (parece evidente que por parte de sus hermanos rastas), de la que solo se libró en el último momento:

> "Tenía el deseo de ser bautizado hace mucho tiempo, **pero había personas cercanas a él que lo controlaban y que estaban alineadas con un aspecto diferente de Rastafari.** Verás, haberlo hecho antes era difícil; era difícil incluso plantear el asunto porque él no era miembro de la Iglesia. (…)
>
> **De hecho, siempre estuvo listo para ser bautizado en la avenida Maxfield** y llamar a los medios de comunicación y todo eso, **pero por varias razones, no pudo hacerlo".**

Aclaramos que en el 89 de Maxfield Avenue, en Kingston, está la iglesia ortodoxa etíope "Holy Trinity Ethiopian

Orthodox Tewahedo Church" que en ese momento dirigía el arzobispo Yesehaq; y que sigue estando allí [102].

Tomy Cowan lo corrobora[103]:

> "Y creo que es una de las cosas en las que a la gente no le gusta hablar de Bob Marley, o en la que menos se concentran es en este bautismo en la fe cristiana".

Se podrían añadir varias manifestaciones más en igual sentido si acudimos a los artículos periodísticos[104] que aluden a este asunto, la mayoría publicados en redes y publicaciones cristianas; pero también hay alguno, muy claro, dentro del ámbito rastafari, que se refiere a estas presiones. Por ejemplo, el artículo "Cuando Bob Marley pasó a llamarse Berhane Selassie" publicado en la web de la Asociación Sociocultural Do the Reggae[105] el 4 de noviembre de 2018 expone:

> "Además, hay otra historia que cuenta que Rita y los niños se convirtieron anteriormente, en el año 1972, pero Bob no lo consiguió hasta unos meses **antes de su muerte después de 3 intentos fallidos. Es más, tras ser amenazado en Kingston por este asunto, Marley fue finalmente bautizado en Nueva York donde los resentimientos serían mínimos. Precisamente, esto pone en entredicho lo que mucha gente pueda pensar sobre que se bautizó porque sabía que se estaba muriendo y, por otro**

---

[102] https://www.eotcja.org/contact
[103] Faltaría citar
[104] En el capítulo de bibliografía indicamos los artículos que nos han parecido más completos.
[105] https://www.dothereggae.com/portal/cuando-bob-marley-paso-a-llamarse-berhane-selassie

lado, saca de nuevo a la luz la teoría de que quizá no le dejaron hacerlo antes.

El resultado es que son pocos los que se atreven a hablar sobre este tema en Jamaica. Y bueno, ni siquiera la web oficial de Bob Marley menciona esta historia".

Bob Marley es un icono, un profeta de sus hermanos rastafaris, la cultura rastafari fue el centro de su vida -con lo bueno[106] y con lo malo-, su estilo de vida, sus decisiones (lo que comía, lo que bebía, lo que fumaba, lo que pensaba, lo que leía, obviamente su música) estaban condicionados por su condición de rastafari.

Eso le convirtió, ya está dicho, en el principal apóstol de esa religión, sobre todo una vez fallecido porque antes su independencia de criterio lo hizo ser rechazado al menos por los rastafaris más puristas[107].

---

[106] En toda búsqueda vital que se haga con honestidad y profundidad, hay "destellos de aquella Verdad que ilumina a todos los hombres". *Nostra Aetate.* Declaración sobre las religiones no cristianas del Concilio Vaticano II, aprobada el 28 de octubre de 1965 de la que aprovechamos, ¿por qué no? para traer aquí también su muy poco recordado -que en todos sitios cuecen habas de desmemoria- ruego final: *La Iglesia, por consiguiente, reprueba como ajena al espíritu de Cristo cualquier discriminación o vejación realizada por motivos de raza o color, de condición o religión. Por esto, el sagrado Concilio, siguiendo las huellas de los santos Apóstoles Pedro y Pablo, ruega ardientemente a los fieles que, "observando en medio de las naciones una conducta ejemplar", si es posible, en cuanto de ellos depende, tengan paz con todos los hombres, para que sean verdaderamente hijos del Padre que está en los cielos.*
[107] "En la comunidad rasta, los dirigentes de las Doce Tribus habían empezado a criticar a Bob por su comportamiento independiente, su

Con palabras de Darío Bermúdez, Bob Marley era para los rastas un "Guerrero. Mártir. Artista. Evangelizador. Líder. Peregrino. Ídolo. (…). Predicador. Mito. Cruzado. Revolucionario. Profeta. Héroe, Santo. Robert Nesta Marley tuvo la bendición y la fatalidad de convertirse en la figura central de su propia religión"[108].

No es posible que manteniendo ese punto de vista sobre quién es Bob Marley y su peso específico en el rastafarismo, pueda admitirse fácilmente que el mito, el cruzado, haya abandonado la causa y se haya pasado a las filas del enemigo, permítasenos la expresión.

En la entrevista a Judy Mowatt antes transcrita ("Judy Mowatt: From Rasta to disciple") se resume muy bien la situación; por su claridad nos permitimos volver a transcribir el párrafo al que se refiere esta cuestión:

> "(…) decir la verdad sobre la conversión de Marley, no es popular en Jamaica. "La gente necesita saberlo, porque también se sentirían atraídas por Jesucristo. Pero nadie quiere promover eso y en Jamaica lo dije en un popular programa de televisión y un hombre rasta se reunió conmigo y me preguntó por qué tenía que decir eso. Le dije: '¡Porque es la verdad!' Pero él nunca quiso que yo revelara eso y creo que nadie quiere que eso sea

---

desinterés por el dogma y su decisión de enviar a sus hijos a colegios normales como el Alpha Academy y Vaz Prep, y haber permitido a Rita bautizarlos en la Iglesia Ortodoxa Etíope donde Ziggy era monaguillo". WHITE, T. "Catch A Fire: Life of Bob Marley". Omnibus Press. 1991.p 306.
[108] BERMUDEZ, D. opus cit., p 78.

revelado, porque mucha gente se sentiría atraída por el Evangelio".

En conclusión, ningún interés podía tener para la cultura rastafari, que monopoliza en su mayor parte la figura de Bob Marley, en asumir un bautismo cristiano que fue, además, un torpedo directo (bien esquivado hasta hoy) a su sincrética línea de flotación, porque el cristianismo es la religión del "hombre blanco" que tanto sufrimiento causó -y sigue causando- en África, en Jamaica (¿y dónde no?).

La segunda razón para este ocultamiento de la verdad, probablemente la principal, es la económica.

No es este el lugar para analizar la batalla legal tras el fallecimiento de Bob Marley y su complicada herencia (sin testamento) por la existencia de hijos con varias mujeres, algunos de ellos que convivían con Rita y otros con sus propias madres, con la participación también de la industria musical representada por la discográfica familiar de los Marley, Fifty-Six Hope Road Music, y por la discográfica de varios de los discos de Bob, Universal Music Group.

Pero sí es importante saber que según la revista Forbes, los derechos de autor de Bob Marley (de sus herederos, mejor dicho) todavía en 2023 (45 años después de su muerte) ascendieron a 16 millones de dólares (está en el número 9 de la lista de derechos de autor de celebridades ya fallecidas)[109].

Creemos que esos dieciséis millones de dólares anuales son los que han permitido que desde que se murió Bob Marley

---

[109]https://www.forbes.com/sites/marisadellatto/2023/10/30/highest-paid-dead-celebrities-2023-michael-jackson-elvis-presley-whitney-houston/?sh=2f411dd1504b

haya una sola cuestión en la que todos los enfrentados en esa batalla legal y económica estuvieran de acuerdo desde el principio: la imagen del Bob Marley rasta se vendía mucho mejor que la del Bob Marley bautizado.

Por este camino, además, la razón 1 (poder de los rastafaris) y la razón 2 (dinero), se aliaron espuriamente, como es habitual. La carga simbólica de Jah, Babilonia, Armagedón, la ganja, era (y es, supongo) mucho más rentable económicamente que la cruz de Jesucristo, que ya advirtió a sus seguidores que "el que no renuncia a todos sus bienes no puede ser discípulo mío"[110].

Tanto al poder religioso rastafari, como al interés económico que se mueve alrededor del legado de Bob Marley, lo que le interesa, sea verdad o no, es mantener su imagen como ícono de la religión rastafari; tampoco a la propia cultura jamaicana (a Jamaica como país, si se nos permite) interesa que se diluya esa imagen: por ejemplo, el Museo Bob Marley (en el 56 de Hope Road, gestionado por la familia Marley):

> "(…) es la atracción más visitada en Kingston, con más de 30 mil visitantes al año, y una de las principales bazas del turismo patrimonial de Jamaica (…). El Museo también genera turismo diplomático, ya que los dignatarios de visita a menudo muestran interés por conocerlo"[111].

De igual modo, la tumba donde reposan los restos de Bob Marley (también los de su madre), en su aldea de nacimiento,

---

[110] Lc 14,31-33
[111] https://evemuseografia.com/2016/09/01/el-posicionamiento-de-un-destino-cultural-museo-bob-marley/

Nine Mile, es un lugar de culto rastafari, como se anuncia en las páginas web de turismo jamaicano [112]:

"Visita turística en el Mausoleo de Bob Marley, un lugar de culto rastafari. (…).

Por ejemplo, es posible fumar marihuana en el interior del Mausoleo de Bob Marley, pero hay que quitarse los zapatos pues se trata de un lugar sagrado para muchos rastafari, quitarse los zapatos es un símbolo de respeto. No está permitido hacer fotos en el interior del mausoleo".

Ni rastro del bautismo.

Ya dijimos que la referencia de Rita en su "No woman no cry" al bautismo de Bob es muy breve, sobre todo si pensamos que Rita era ya cristiana y que, como ella misma indica, desde que se bautizó en 1973, insistía a Bob en que él también lo hiciera. Ese libro se escribió en 2004, 25 años después del fallecimiento de Bob, y casi 15 desde que la Corte Suprema de Jamaica resolviera el litigio sobre la herencia de Marley (menor a lo previsto, de solo 11,5 millones de dólares de entonces) a favor de Rita Marley y de Island Logic Ltd. (compañía discográfica de Chris Blackwell), concediendo la administración de los bienes durante diez años a esta última, para que luego pasara a Rita y a los hijos de Bob que habían sido legalmente reconocidos[113].

Es decir, ese libro se escribe cuando ya a Rita se le ha reconocido el control del legado de Bob Marley; y ella misma

---

[112] https://www.viajarjamaica.com/tumba-bob-marley.php
[113] https://www.caribbeannationalweekly.com/uncategorized/day-history-bob-marleys-estate-settled-court-left-family/

reconoce cuando se refiere a este legado que "durante los últimos 20 años me he centrado en el negocio y en la música de Bob"[114].

Igualmente hemos visto que ni el documental "Marley" de Kevin Macdonald, (producido en 2012 por Ziggy Marley, entre otros) ni el biopic "Bob Marley: One love" (producido en 2024 por Ziggy, Rita y Cedella) dan la más mínima pista al respecto. No hemos encontrado ni una sola intervención, artículo o referencia de la familia Marley al respecto en los videos que aparecen en él. De hecho, todo lo contrario.

En fin, que ni al negocio[115] ni a la música le convenía, ni le conviene, un Bob Marley cristiano, un Bob Marley que no sea rastafari.

Una razón última: creemos que también condiciona mucho, lógicamente, que el bautismo se produjera al final de su vida, porque esta circunstancia impidió, por un lado, que pudiera integrarse también en su propia imagen pública, porque desde el bautizo (4.11.1980) a su muerte (11.5.1981) solo pasaron -y de hospital en hospital- 6 meses; y por otro, que tuviera tiempo de que su música asumiera y expresara, plenamente y con continuidad, esa conversión. Eso sí, con una sola excepción de no poco valor: "Redemption Song".

Esta canción que, simbólicamente, cierra su último disco antes de morir (Uprising), fue compuesta en 1979, es decir, cuando ya se le había diagnosticado el cáncer. Su núcleo esencial es un concepto clave, central y vertebrador de la teología cristiana, como es la redención, que es, según el

---

[114] MARLEY,R. Opus cit, p 200.
[115] https://www.telecinco.es/noticias/cultura/20240216/bob-marley-dinero-genera-legado-gestion-herederos_18_011702810.html

Catecismo Católico (permítasenos la cita, que en esta cuestión no hay diferencia con la Iglesia Ortodoxa)[116]:

> "La Redención es la fuente de la autoridad que Cristo, en virtud del Espíritu Santo, ejerce sobre la Iglesia (cf. Ef 4, 11-13). "La Iglesia, o el reino de Cristo presente ya en misterio"(LG 3), "constituye el germen y el comienzo de este Reino en la tierra" (LG 5)".

Esta canción es muy distinta a cualquier otra de Marley; con palabras de Timothy White, es "un espiritual acústico quejumbroso, casi dylanesco, **desprovisto de cualquier rastro de reggae**"[117].

El periodista jamaicano Ewart Walters (Kingston, 1940-Ottawa 2003) relaciona directamente "Redemption Song"con el bautismo de Bob Marley. Por su interés preferimos transcribirlo a contarlo[118]:

(…)	(…)
When Haile Selassie died in August 1975, Marley quickly released Jah Lives, a statement reassuring the Rastas of Selassie's immortallity. Nevertheless, by the time Marley died in Miami, on his	Cuando Haile Selassie murió en agosto de 1975, Marley no tardó en publicar Jah Lives, una declaración en la que aseguraba a los rastas la inmortalidad de Selassie. Sin embargo,

[116] Apartado 669 del Catecismo.

[117] WHITE, T. Opus cit, p 306

[118] "Bob Marley: from Rasta to Christian". The Gleaner de 6 de mayo de 2016. Puede leerse completo en: https://jamaica-gleaner.com/article/commentary/20160508/ewart-walters-bob-marley-rasta-christian

way home to Jamaica in 1981, he had been baptised as a Christian in the Ethiopian Orthodox Church, taking the name of Berhane Selassie (Light of the Trinity).

In the years after Marley's death, several Rastafarian singers, including some in Marley's group, became Christians.

Interestingly, if many of the lyrics found in the early Marley songs were from the Old Testament, it was the New Testament that featured in his final days.

The song Marley released just before dying is Redemption Song. A simple song, it reflects a great artist looking back at his life, at the road he had travelled, at the recognition finally of who he is. It was sung without accompaniment, except his own guitar. There is no

cuando Marley murió en Miami, de regreso a Jamaica en 1981, se había bautizado como cristiano en la Iglesia Ortodoxa Etíope, adoptando el nombre de Berhane Selassie (Luz de la Trinidad).

En los años posteriores a la muerte de Marley, varios cantantes rastafaris, incluidos algunos del grupo de Marley, se hicieron cristianos.

Curiosamente, si muchas de las letras de las primeras canciones de Marley eran del Antiguo Testamento, **fue el Nuevo Testamento el que protagonizó sus últimos días.**

La **canción que Marley lanzó justo antes de morir es Redemption Song. Una canción sencilla, que refleja a un gran artista mirando hacia atrás, hacia su vida, hacia el camino recorrido, hacia el reconocimiento final de quién es. La cantó sin acompañamiento, salvo su propia guitarra. No**

mention of Jah. It has nothing at all to do with Rastafarianism.

Instead, it speaks of slavery, of Christian principles, of the "bottomless pit", of prophets being killed, of fulfilling "the book", of redemption, of triumph, and of his "hand being made strong by the hand of the Almighty".

Now, the doctrine of Redemption is one of the most important doctrines of the system of faith. It is an essential concept of Christianity. And here is Bob Marley, the best-known Rastafarian in the world, singing a simple song - no drums, no bass, no rhythm guitar, no harmonica, no I-Threes - just one man facing his mortality, and the understanding that Christianity is a simple pact between himself and God.

menciona a Jah. No tiene nada que ver con el rastafarismo.

En cambio, habla de la esclavitud, de los principios cristianos, del «pozo sin fondo», de los profetas asesinados, del cumplimiento del «libro», de la redención, del triunfo y de su «mano fortalecida por la mano del Todopoderoso».

Ahora bien, la doctrina de la Redención es una de las doctrinas más importantes del sistema de fe. Es un concepto esencial del cristianismo. Y aquí está Bob Marley, el rastafari más conocido del mundo, cantando una canción sencilla -sin batería, sin bajo, sin guitarra rítmica, sin armónica, sin I-Threes- sólo un hombre enfrentándose a su mortalidad, y la comprensión de que el Cristianismo es un simple pacto entre él y Dios.

Marley dice que estas canciones de libertad eran

Marley says these songs of freedom were all he ever had. And he invites the world to come and sing with him his simple redemption song.	todo lo que tenía. **E invita al mundo a cantar con él su sencilla canción de redención.**

Los argumentos no son baladíes; además de muy bellos.

En definitiva, en esta gran Babilonia que es el mundo, la asociación de los intereses económicos, religiosos y culturales ha mantenido un tupido velo respecto al bautismo (¡a la conversión!) de Bob Marley.

Por nuestra parte, con palabras de Ewart Walters, solo podemos invitar al mundo a cantar con Bob Marley su sencilla canción de redención.

VI. Nota final

Una breve nota final sobre el Doctor Issels.

Issels fue el médico de la clínica en los Alpes donde acudió Bob a tratar de curarse cuando la medicina normal le había dado un mes de vida.

A este hombre, a su fama, le pasa un poco lo que al bautismo de Bob: está ninguneado en el mejor de los casos y, normalmente, directamente manipulado (en su caso incluso hasta el insulto) sobre todo en los artículos periodísticos, siempre más dados a buscar el escándalo.

Muchos de ellos recogen los comentarios de la biografía escrita por Stephen Davies[119], calificándolo como "nazi" o "viejo comandante de las SS":

He had been an officer in the German SS during the Second War, had served a jail term for manslaughter, and has lost a famous patient, the British Olimpian Lilian Board, while she was under his care.	Había sido oficial de las SS alemanas durante la Segunda Guerra, había cumplido una pena de cárcel por homicidio involuntario y perdió a una paciente famosa, la británica olímpica Lilian Board, mientras estaba bajo su cuidado.

Pues bien, Roger Steffens explica que la verdadera historia del Doctor Issels "es mucho más compleja. Obtuvo el título en 1932 y empezó a trabajar en un hospital católico, donde se le exigió entrar en las SS para progresar en su carrera. Aunque se describía a sí mismo como "desinteresado en cuanto a la

---

[119] DAVIES, S. Opus cit, p. 319.

política", **se dio de baja en las SS en 1938, tras recibir la orden de dejar de tratar a los pacientes judíos. Luego pasó un tiempo como prisionero de guerra en Rusia**[120]".

Es decir, que el "viejo comandante de las SS", el "doctor nazi" debió ser uno de los escasísimos alemanes que no quisieron colaborar, ni siquiera pasivamente, con Hitler cuando le obligaron a discriminar pacientes por su religión; y tras su petición de baja de las SS, como castigo, le enviaron al frente ruso como médico de combate, lo que le valió más de un año encarcelado en un campo de prisioneros en Rusia.

Su vida, muy interesante y mucho más profunda de lo que habitualmente se da a entender en las biografías y artículos sobre Bob Marley, está resumida en varios artículos periodísticos[121.]

La propia Rita, que no estuvo de acuerdo con la decisión de llevar a Bob a Los Alpes, reconoció:

> "Sin embargo, el doctor Issels mantuvo con vida a Bob seis meses más de lo pronosticado por los otros médicos"[122].

---

[120] STEFFENS, R. Opus cit,, p. 345.
[121] "Josef M. Issels; Pioneer in Alternative Cancer Treatment". Los Angeles Times; https://www.latimes.com/archives/la-xpm-1998-feb-18-mn-20393-story.html
También puede leerse su historia en "Dr Josef Issels: A man of mystery" https://www.jamaicaobserver.com/2021/04/05/dr-josef-issels-a-man-of-mystery/
[122] MARLEY, R., opus cit. pp . 188

No parece justo, por tanto, relacionarlo con los nazis como si hubiera sido uno de ellos; o incluso tratarlo de "torturador" como alguno hace, porque es, simplemente, mentira.

VII. Epílogo.

No hemos pretendido en este librillo ni justificar, ni blanquear, ni tomar a Bob Marley como el santo que no creemos que fuese, sino simplemente tratar de dar cuenta y razón de que su bautismo en la Iglesia de Cristo, olvidado por los desmemoriados, silenciado por los interesados, da una textura mucho más sólida a todo su peregrinaje por esta vida.

Porque la realidad, la verdad -aunque no venda-, es que Bob Marley murió cristiano (y no rastafari), abrazando, por tanto, al Dios de Jesucristo y no a Haile Selassie.

La pregunta que queremos suscitar es ¿por qué esa conversión final? ¿por qué Bob, en el momento en que ya no pudo aplazar la mayor de las preguntas -¿qué va a ser de mí?-, cuando la hermana muerte estaba ya cercana, decidió ser cristiano?

La búsqueda que llevó a Bob Marley hasta el Dios de Jesucristo, incluso desde su poca publicidad, ha llevado a ese mismo lugar, a pesar de la densa y espesa nube de *ganja* con la que la han querido ocultar, a personas que tampoco hay que tomarse en broma (tal vez el próximo libro sea sobre ellas) por más que el entorno lúdico-festivo-pacifista-marihuanero-inocuo-descafeinado-marketiniano que tenemos ahora de su figura trate de hacernos caer en esa tentación.

Bob Marley es un ejemplo claro de la máxima que escribió Soren Kierkegaard: solo aquellos individuos que consigan vivir auténticamente actuando de acuerdo con su verdadera esencia conseguirán dotar de trascendencia a su existir[123].

---

[123] KIERKEGAARD, S. Mi punto de vista. Aguilar. 1988.

Como escribió Thomas Merton, para el moralista la vida humana es un complicado sistema de virtudes y vicios y, en medio de esto está el amor, que es únicamente una de las virtudes; para el místico, no existe ese sistema complicado, el Amor es todo[124].

Bob Marley no tuvo nada de moralista, y mucho de místico, gracias a Dios.

Ojalá estas líneas sirvan para profundizar en las posibilidades que nos dejó la trasluchada vital final de Bob Marley, para coger el viento a la estrella en una empopada directa a una Eternidad en ese Amor con mayúscula.

---

[124] En su introducción a "Vida en el Amor" de CARDENAL, E. Mínima Trotta. 2013

VIII. Remate anónimo y canción.

Imposible expresar en palabras lo que significa Bob... El ansia de una generación, y de las siguientes... Un mensaje, una ilusión, una esperanza... Allá donde mires, en tierras de nuestros hermanos negros, y en los barrios de nuestras tierras blancas, si no es su imagen, es su melodía... si no es un *One Love* pintado en algún muro, son esos tres colores que significan tanto... Qué tiene su voz que traspasa fronteras y tiempos, qué tienen esas rastas, qué tienen esas tan sencillas y tan geniales canciones ...

Su incansable búsqueda de la verdad, su constante insatisfacción, su "obsesión" por trasmitir ese 'todo irá bien'... Eso quizás es lo que une a tantos...

¿Y si ese camino terminó en ese Hombre, Rey de Reyes? ¿Y si el gran León de Judá resultó ser el Cordero en esa Cruz? ... ¿Y si eso llenó ese vacío, culminó esa búsqueda...?

Quizás esa certeza cambiaría a tantos, a tantos que se evaden de la dureza de la vida en su música, que sienten la vibra que alivia el alma al son de su voz... Quizás esa Verdad cambiaría el mundo

Pues si Dios elige a lo peor, para sus mejores planes ... cobrarían sentido sus caídas, sus fallos, sus defectos ...

Pues quizás él era el simple mensajero, que nos debía llevar al Mensaje. Y si fuera así, se daría una respuesta a esos corazones heridos, pues Jah tendría un Rostro, un Nombre ... El *One Love*, el Único Amor caminaría a nuestro lado.

Y Bob seguiría sonando, pero de otra manera, no para aliviar, sino para llevarnos al que sana todo, no para evadirnos, sino para cargar con la cruz, no esperando un Zion lejano, sino para luchar y vivir con la esperanza de Quien ya ha resucitado.

Y si Bob terminó sus pasos por esta vida llamando a Jesús, ojalá esté mundo quiera cantar con él sus canciones de redención, sus canciones de libertad.

Y podamos ver a la humanidad sufriente recobrando la dignidad con las armas del amor, con las armas del perdón, y con la fuerza de ese león hacer florecer la Esperanza

Seguro que se escucharían desde arriba esos acordes de guitarra, y quién sabe, quizás esa voz volviendo a cantar desde el corazón: ¡Jah Live!

Como se ha dicho ya, la canción (letra y música) "Redemtion Song" fue compuesta en 1979 por Bob Marley y se publicó por primera vez en su último disco "Uprising" (1980):

Redemtion song	Canción de redención
Old pirates, yes, they rob I Sold I to the merchant ships Minutes after they took I From the bottomless pit But my hand was made strong By the hand of the Almighty	Viejos piratas, sí, me robaron me vendieron a los barcos mercantes Minutos después de sacarme Del pozo sin fondo Pero mi mano se hizo fuerte Por la mano del Todopoderoso
We forward in this generation Triumphantly Won't you help to sing These songs of freedom? 'Cause all I ever have Redemption songs Redemption songs	Avanzamos en esta generación Triunfalmente ¿No ayudarás a cantar Estas canciones de libertad? Porque todo lo que tengo (son) Canciones de redención Canciones de redención
Emancipate yourselves from mental slavery None but ourselves can free our minds Have no fear for atomic energy 'Cause none of them can stop the time How long shall they kill our prophets While we stand aside and look? Ooh! Some say it´s just a part of it We´ve got to fulfil the book	Emancipaos de la esclavitud mental Solo nosotros podemos liberar nuestras mentes No temáis a la energía atómica Porque ninguno de ellos puede parar el momento ¿Cuánto tiempo matarán a nuestros profetas Mientras nos hacemos a un lado y miramos? Uh! Algunos dicen que es parte de ellos Tenemos que cumplir el papel
Won't you help to sing These songs of freedom?	¿No ayudarás a cantar Estas canciones de libertad?

'Cause all I ever have	Porque todo lo que tengo (son)
Redemption songs	Canciones de redención
Redemption songs	Canciones de redención
Redemption songs	Canciones de redención
Emancipate yourselves from mental slavery	Emancipaos de la esclavitud mental
None but ourselves can free our minds	Solo nosotros podemos liberar nuestra mente.
Whoa! Have no fear for atomic energy	¡Wo! No temáis a la energía atómica.
'Cause none of them can stop the time	Porque ninguno de ellos puede parar el momento
How long shall they kill our prophets	¿Cuánto tiempo matarán a nuestros profetas
While we stand aside and look?	Mientras nos hacemos a un lado y miramos?
Yes, some say it´s just a part of it	Sí, algunos dicen que es parte de ellos
We´ve got to fulfil the book	Tenemos que cumplir el papel
Won't you help to sing	¿No ayudarás a cantar
Another song of freedom?	Estas canciones de libertad?
'Cause all I ever have	Porque todo lo que tengo (son)
Redemption song	Canciones de redención
Won't you help to sing	¿No ayudarás a cantar
These songs of freedom?	Estas canciones de libertad?
'Cause all I ever had	Porque lo que siempre tuve (son)
Redemption songs	Canciones de redención
All I ever had	Todo lo que siempre tuve
Redemption songs	Estas canciones de libertad
These songs of freedom	Canciones de libertad.
Songs of freedom	

Bibliografía

BOB MARLEY: THE BIOGRAPHY
Stephen Davis.
Grafton Books. 1989.

CATCH A FIRE: LIFE OF BOB MARLEY
Timothy White.
Omnibus Press. 1991.

THE COMPLETE GUIDE OF THE MUSIC: BOB MARLEY
Ian McCann.
Omnibus Press. 1994

BOB MARLEY - POSITIVE VIBRATION
Carlos Monty
Editorial La Máscara. 1995

BOB MARLEY
Jesús Ordovás
Ediciones Júcar (Colección Los Juglares).
4ª Edición 1996.

BOB MARLEY: AN INTIMATE PORTRAIT BY HIS MOTHER.
Cedella Booker and Anthony C. Winkler
Penguin books. 1997.

BOB MARLEY.
Francis Dordor
Librio-Musique. 1999

BOB MARLEY
Isabel Vázquez Montaña.
Editorial La Máscara. 1999

BOB MARLEY. CANCIONES 1.
Paula Serraller.
Editorial Fundamentos.
2ª Edición. 2001.

BOB MARLEY
Andrés López Martínez.
Ediciones Cátedra. 2002.

NO WOMAN NO CRY. MI VIDA JUNTO A BOB MARLEY.
Rita Marley con la colaboración de Hettie Jones.
Ediciones B. 2005.

RASTAFARIS. LA MISTICA DE BOB MARLEY
Darío Bermúdez
Editorial Kier. 2005.

THE BOOK OF EXODUS: THE MAKING AND MEANING OF BOB MARLEY AND THE WAILERS ALBUM OF THE CENTURY.
Vivien Goldman
Paperback. 2006

BEFORE THE LEGEND: THE RISE OF BOB MARLEY
Christopher Jhon Farley.
Harper Collins Publishers.
Amistad paperback edition 2007.

BOB MARLEY. CANCIONES 2.
Paula Serraller.

Editorial Fundamentos.
3ª Edición. 2008.

BOB MARLEY: THE UNTOLD STORY
Chris Salewicz
Harper Collins. 2009.

TANTO QUE CONTAR: LA HISTORIA ORAL DE BOB
MARLEY
Roger Steffens
Editorial Malpaso. 2019.

BOB MARLEY. RHYTHMS OF REDEMPTION-2024.
UNTOLD STORY: ONE LOVE UNVEILED.
William S. Ray
Autoeditado. Amazon. 2023.

THE BAPTISM OF BOB MARLEY: WHY NO ONE
TALKS ABOUT IT AND EVERYTHING YOU NEED
TO KNOW ABOUT HOW THE BAPTISM HAPPENED
Kelli P. Sandlin
Autoeditado. Amazon. 2023.

BOB MARLEY: LUCES Y SOMBRAS DEL REY DEL
REGGAE
Catherine Thirard
50Minutos-Historia 2018.

56 THOUGHTS FROM 56 HOPE ROAD: THE SAYINGS
AND PSALMS OF BOB MARLEY
Gerald Hausman y Cedella Marley
Tuff Gong Books. 2002.

MARLEY LEGEND: AN ILLUSTRATED LIFE OF BOB
MARLEY

James Henke.
Simon & Schuster. 2006.

BOB MARLEY. TRAGEDIAS DEL ROCK
No Reggae. No cry
Diego Agrimbau y Dante Ginevra
V&R Editoras. 2011

■■■

Artículos periodísticos.

Ya dijimos que en la bibliografía investigada solo hemos encontrado un opúsculo (no puede ni llamarse libro) respecto al concreto tema del bautismo del Bob Marley. Pero sí hay en internet varios artículos periodísticos que se refieren a ese bautizo, unos más cercanos a la decisión, otros menos simpatizantes, pero todos interesantes.

Los que nos han parecido más completos, por si hay interesados en leerlos, son:

"Bob Marley's funeral, 21 May 1981: a day of Jamaican history", escrito por Richard Williams, en su artículo de 24 de abril de 2011 publicado en The Guardian[125].

"Redemption songs: The conversion of Bob Marley", escrito por Christopher Stefanick[126] en el 30 aniversario de la muerte de

---

[125]   https://www.theguardian.com/music/2011/apr/24/bob-marley-funeral-richard-williams.

[126] Escritor y presentador de televisión en el ámbito católico. Posee la medalla Benemerenti que le concedió el Papa Francisco en 2019.

Bob Marley, el 17 de mayo de 2011 en el *"Denver Catholic Register"*[127].

"¿Cómo murió Bob Marley?", escrito por Julian Ruiz en la sección de "Cultura" del periódico "El Mundo" el 14 de enero de 2014[128].

"Salmo 137: Una nueva vida para Bob Marley", escrito por Pablo Fernandez, en Barcelona el 29 de Marzo de 2017[129].

"Cuando Bob Marley pasó a llamarse Berhane Selassie", publicado por la web de la *"Asociación Sociocultural Do the Reggae"* (dothereggae.com) el 4 de noviembre de 2018[130].

Did you know Bob Marley converted to Christianity before he died? escrito por Matthew Becklo en la web Aletheia.org, el 2 de junio de 2023[131].

"Bob Marley, la conversión al cristianismo y su gigante legado musical" escrito por Carlos Altavista, el 12 de agosto de 2023, en la web 90 líneas.[132].

127

https://www.catholicnewsagency.com/column/51584/redemption-songs-the-conversion-of-bob-marley
[128]https://www.elmundo.es/cultura/2014/01/14/52d3d0a7268e3e3e3a8b457a.html
[129] https://www.entrelineas.org/revista/bob-marley-y-el-salmo-137
[130] https://www.dothereggae.com/portal/cuando-bob-marley-paso-a-llamarse-berhane-selassie/
[131]   https://aleteia.org/2023/02/06/did-you-know-bob-marley-converted-to-christianity-before-he-died
[132] https://90lineas.com/2022/12/01/bob-marley/

EDITORIAL ANAWIM

Quiénes somos

Sencillamente somos un pequeño grupo de cristianos, católicos, que hemos conocido el Amor de Dios. No sólo a nosotros sino a toda persona llamada a la existencia... y en un misterio cósmico que un día se revelará tras los dolores de parto, un Amor que envuelve y transfigura a toda criatura.

Esta vivencia, que ya ha trastocado todas nuestras vidas, es el motor de esta pequeña editorial. Una editorial que quiere estar atenta a los dolores del mundo, a ese caudal de sufrimiento que nadie puede calcular. Y a los destellos de belleza y de bondad que asoman por doquier, y a las esperanzas y alegrías de todas las gentes.

Qué pretendemos

En comunión con la Iglesia, con la conciencia de que sus llamadas más candentes, más ardientes, más comprometedoras, son desconocidas o situadas en un segundo plano en el alma de muchos hermanos. Así pues, una editorial para intentar, humildemente y confiando en la acción misteriosa de la Providencia, dar luz sobre unas «enseñanzas sociales» transidas de amor sobrenatural y de un lenguaje religioso personalista que remite al Señor de la Historia, Jesucristo...
Antiguas inquietudes que conservan todo su valor y vigor originales; personajes desconocidos, sorprendentemente desconocidos, y cuyas vidas son como una inaudita bocanada de esperanza y de verdad; nuevos retos, profundos, complejos, reducidos al fin a la sencillez de la respuesta del amor a cada cual...
Todo con sabor a rebeldía, a disidencia, a la alegría del abandono en Dios a través de las luchas por un mundo justo y pacificado, hermanado a la sombra del Padre.
Todas las batallas que el papa Francisco ha expresado en la encíclica *Fratelli tutti*, todos los ámbitos de relación, con Dios, consigo, con los otros, con el universo... La no violencia activa y orante; la lucha por la paz; la justicia y la mística de la revolución social; el amor preferente por los últimos y los descartados; el inmenso y acallado mundo de los presos y prisioneros; los pueblos indígenas como custodios de sabidurías y últimos guardianes del paraíso acosado por la destrucción; las víctimas de los racismos y los combates por el honor y la libertad de todos; el universo de los adictos que aboca a los

amores gratuitos; la dignidad de la mujer y el despliegue de todas sus específicas potencialidades; la complejísima e irresoluble cuestión de la identidad de los pueblos y el universalismo, solo abordable desde el espíritu con el que el Espíritu ungió a Gandhi; el mundo de las discapacidades y la justicia social y la voz que nos dice miremos a la persona en sí; los retos de la bioética desvinculados tanto de blasfemas sumisiones a la cultura dominante y sus leyes como de encorsetamientos conservadores... Y el ecumenismo de la pasión por el hombre, que nos conduce a encontrarnos en los caminos del sufrimiento con los hermanos separados. Y el rastrear huellas del Espíritu allí donde se manifiesten, en las religiones, en las culturas... El misterio de Israel, la fraternidad sobrenatural con las gentes del islam... Y la belleza de la Creación, el desafío de la suciedad, la desarmonía, la extinción...

Una mirada de tensión universal desde el misterio de la Iglesia, donde se abisman y se sacramentalizan los anhelos verdaderos de todo hombre y mujer, en todas las edades y latitudes.

Unos modos

Entonces... desproporción absoluta: desde la insignificancia y la pequeñez, pretensiones totales, querer llegar a escalar en medio de cánticos subversivos «las colinas creadoras de la protesta» (Martin Luther King), rodeados de una nube de testigos, como dice la Escritura.

Y en esta pequeñez agraciada cuidar los signos: un espíritu no lucrativo, querer ayudar a otros, si Dios lo permite y lo bendice, mediante la creación de trabajos vinculados a la marcha de la editorial. Permitir, por supuesto, la reproducción total o parcial de lo publicado. Usar de materiales lo más respetuosos posible de los dinamismos vitales de la «Hermana Madre Tierra» (San Francisco). Estar abiertos a la sorpresa respecto a las iniciativas.

OTROS TÍTULOS DE LA EDITORIAL

1.- SOBRE PETER MAURIN
(Dorothy Day)/
EASY ESSAYS. Ensayos simples
(Peter Maurin, maestro espiritual
de la sierva de Dios Dorothy Day)
2.-A LOS PUEBLOS INDÍGENAS
(San Juan Pablo II)
3.-DE FRANCISCO,
EL ABORTO Y LA DERECHA
(Gerardo López Laguna)
4.-DIARIO DE UNA CONVERSIÓN.
DE LA HEROÍNA A LA INTIMIDAD CON DIOS
(Pedro Miguel, 1968-1997)
5.-UNA APROXIMACIÓN CRISTIANA
AL FENÓMENO DE LA ISLAMOFOBIA
(Gerardo López Laguna)
6.-EL CLAMOR DE LA GRACIA.
EL HOMBRE A LA LUZ DE NICOLAS CABASILAS
(José Manuel Alonso Ampuero)
7.-DOROTHY DAY Y PETER MAURIN.
PENSAMIENTO EN ACCIÓN POR LA PAZ Y LA JUSTICIA
(Ana Colomer)
8.-UN PROFETA COMO FUEGO.
PERFIL ESPIRITUAL DEL VENERABLE JOSÉ RIVERA
(Julio Alonso Ampuero)
9.-BISMILLAH (EN NOMBRE DE DIOS):
AMAD A LOS MUSULMANES
(Gerardo López Laguna)